绿色学堂

环境教育活动课程
设计与教学

Green Education:
Activity-based Curriculum Design and
Teaching on Environmental Education

上海市师资培训中心 编

资源管理与利用

Resource Management and Utilization

Resource Management and Utilization

上海教育出版社
SHANGHAI EDUCATIONAL
PUBLISHING HOUSE

编 委 会

主 编

华 夏

副主编

曲莉雯

专家组（按姓氏拼音排序）

陈胜庆　克里斯蒂娜·汉森

凯瑟琳·普朗克　赵才欣

赵洁慧　周增为

编写组（按姓氏拼音排序）

陈胜庆　克里斯蒂娜·汉森　华 夏　李亚南

卢咏祥　宓 群　凯瑟琳·普朗克　秦学林

曲莉雯　苏 娇　王 丽　杨 磊　张 宇

赵才欣　周 琪

目　录

第二篇　让垃圾变资源　/ 47

Vorwort I

Bildung für eine nachhaltige Entwicklung soll dazu befähigen, mit Visionen, Phantasie und Kreativität die Zukunft mit ihren Herausforderungen zu gestalten, Neues zu wagen und unbekannte Wege zu erkunden. Dem entsprechend innovativ und vielfältig müssen ihre Methoden sein.

Dafür braucht es Lehrkräfte, die einerseits fachlich kompetent und wissenschaftlich reflektiert sind, um die komplexen Zusammenhänge im Bereich Bildung für eine nachhaltige Entwicklung ihren Schülerinnen und Schülern zu verdeutlichen. Andererseits muss ihr pädagogisches Handeln auch der „Eröffnung von gemeinsamen Möglichkeiten" dienen. Dazu sind spezifische Fähigkeiten notwendig, damit die Potenziale der Umweltbildung als Qualitätsmerkmal der gesamten Schule nachhaltig in ihrer Gemeinschaft verankert werden kann.

Es bedarf deshalb schließlich der Erweiterung der Perspektive von Umweltbildung von einer traditionell nationalen auf eine zunehmen internationale Sicht auf die Thematik: Die Visionen nachhaltiger Entwicklung sind getragen von der Vorstellung, dass menschliches Handeln Auswirkungen auf die Erde als Ganzes hat. Für die transnationale Reichweite lokalen Handelns wird man kaum Beispiele bringen müssen: Saurer Regen, Smog oder Klimawandel sind Beispiele für jene Schlagworte, die dafür ausreichend in den Medien beziffert werden. Deshalb ist Bildung für Nachhaltige Entwicklung trotz unterschiedlicher nationaler Rahmenbedingungen in internationale Diskurse einzubetten.

Aus all diesem anspruchsvollen Zielsetzungen ist eine internationale Kooperationsarbeit zwischen dem Zentrum für Lehrerbildung (LFZ) der Stadt Shanghai, des LFZ Zhejiang und der Universität Passau (Deutschland) entstanden, in der - gemeinsam mit Fachpersonal aus 20 Pilot- Grundschulen in beiden Regionen sowie weiteren ausgewählten Schulen aus den Regionen Yunnan, Xinjiang und Qinghai - die Entwicklung und Implementierung von zehn innovativen Modulen im Bereich nachhaltiger Umweltbildung gelungen ist. Die Module werden zwischenzeitig von vielen Schulen in China als Musterbeispiel für nachhaltige

Umweltbildung für Schulentwicklungsprozesse aufgenommen und umgesetzt.

Neben vielen konkreten Beispielen eines pädagogisch begründeten „Umwelt-Unterrichts" wird schließlich ein wissenschaftliches Fundament für ein Qualitätsmanagement formaler, non-formaler und informeller Bildungsprozesse für BNE geschaffen.

Das Buch richtet sich naturgemäß an Studierende aller Lehrämter, PädagogInnen, SchulleiterInnen, die die Bedeutung und Potenziale von Umweltbildung erkannt haben und durch neue Erkenntnisse tragfähig ausbauen wollen. Es wendet sich gleichermaßen auch an Akteure und ExpertInnen in Schul- oder Verwaltungsbehörden, die mit der Umsetzung einer Bildung für nachhaltige Entwicklung als maßgeblicher Indikator für den Policy-Transfer in China verantwortlich sind.

Eine persönliche Bemerkung am Schluss: Als Wissenschaftlerin durfte ich mit meinem Team schon einige internationale Projekte konzipieren und wissenschaftlich evaluieren. Die Erfahrungen in der Zusammenarbeit mit den chinesischen PartnerInnen zählen für mich aber zu den wertvollsten. Ich habe von den KollegInnen des LFZ in Shanghai unglaublich viel über die Lehrerbildung in China erfahren und war über die pädagogische Professionalität an chinesischen Schulen immer wieder beeindruckt. Bei allen, die an der Realisierung dieses wichtigen Projekts mitgewirkt und es erst ermöglicht haben, möchte ich mich aus ganzem Herzen dafür bedanken, es war eine unglaublich schöne Zeit mit Ihnen.

University of Passau

序 1

可持续发展教育培养的人才，应当能够带着愿景、想象和创造力，迎接未来的挑战，勇敢尝试新事物，探索未知的道路。可持续发展教育的教育方法也必须创新且多样。

这就对教师提出要求，一方面教师要专业能力过硬，善于反思，能清晰地向学生传授可持续发展教育领域的复杂知识；另一方面教师的教育行为必须服务于"开放共同的机遇"，这是对特定能力提出的要求，即把环境教育的发展潜力作为学校整体在其社区可持续发展的质量标志。

环境教育正从传统的本土化视角转向不断国际化的主题视角。可持续发展教育愿景的提出，以人类行为会影响整个地球为基础。本土化行为的跨国界影响，几乎无须刻意使用案例就能证明：酸雨、雾霾或者气候变化，都是媒体广为报道的关键词。所以，尽管各国背景不同，但可持续发展教育已深入国际讨论。

为了更好地落实可持续发展教育目标，上海市师资培训中心、浙江省中小学教师与教育行政干部培训中心和德国帕绍大学（University of Passau）开展国际合作，与来自沪、浙两地的 20 所基地学校以及来自云南、新疆、青海的 5 所基地学校一起，成功开发并实施了可持续发展教育内容的 8 个创新性环境教育模块课程。

项目组在研发具体的"环境教育课程"之余，还构建了对可持续发展教育正式、非正式的教育过程进行质量管理的科学基础。

本套丛书以师范生、教育工作者、教育管理者为主要对象，面向对环境教育的意义和前景有所认识并期待扩充、传授新知识的所有人员。同时，也以教育行政机构的专家们为主要对象，他们是中国可持续发展教育的政策推动人。

最后，我想说，作为一名科研人员，我与我的团队参与过数项国际化项目的理念架构和科学评估。于我个人而言，与中国伙伴们的合作最有意义。从上海市师资培训中心的同行们身上，我了解了中国教师教育的信息、中国学校的教育专业性，且这些给我留下了深刻印象。在此，我衷心感谢所有共同参与并落实本项目的伙伴们，与你们一起工作的时光非常美好！

克里斯蒂娜·汉森　教授

德国帕绍大学

苏　娇（译）

3

序 2

　　人类社会伴随着政治多元化、经济多维化和教育国际化这三大浪潮走进 21 世纪。这个时期，国家竞争说到底就是人才竞争，而人才竞争就是教育竞争。

　　那么，21 世纪的学校教育和教育发展观应该是什么？

　　1996 年，国际 21 世纪教育委员会向联合国教科文组织提交了《教育——财富蕴藏其中》的报告，就是要培养学生学会四种本领，其中最核心的思想是教育应使受教育者学会学习，即教育要使学习者"学会认知 Learning to Know""学会做事 Learning to Do""学会共同生活（学会合作）Learning to Live Together"和"学会生存 Learning to Be"。这一思想很快被全球各国所认可，这"四个学会"成为面向 21 世纪教育的四大支柱，我们的青少年教育应当有这样"四个学会"。

　　2001 年，联合国教科文组织在日内瓦召开世界教育大会的主题是"学会共生 Learning to Live Together"。这次大会有 188 个国家参加，86 个国家派出了以教育部长为首的代表团参加，说明世界各国都非常重视进入 21 世纪的人类社会的今天要学会共生。与什么学会共生呢？与不同政治制度、不同文化传统的人们学会共生，与在不同经济发展水平的人们学会共生，与不同宗教信仰的人们学会共生，与自然学会共生，与生态学会共生。

　　2015 年，联合国可持续发展峰会在纽约总部召开，联合国 193 个成员国在峰会上正式通过 17 个可持续发展目标。可持续发展目标旨在从 2015 年到 2030 年间以综合方式彻底解决社会、经济和环境三个维度的发展问题，转向可持续发展道路。

　　2017 年，中共十九大报告提出"推动构建人类命运共同体""建设一个美好的家园"，强调要重视今天的环境。"绿水青山就是金山银山"的新时代中国发展的环境愿景，具有丰富而深刻的内涵，具有时代价值。

　　中德环境教育国际研发项目的开展，呈现了人类社会生存与可持续发展的主题，同时，通过开发植入 21 世纪"育人"理念和教育思想的中国环境教育本土化课程来培养青少年的环保意识与素养，脚踏实地地推动了学校教育的时代性探索，践行着中国教育的可持续发展之路。

2015 年至今，项目通过丰富多样的方式在不同范围内持续、深入地开展，将上海的环境教育工作者和学生、教师、学校，与长三角地区、中西部地区，乃至中外高校、研究机构、专业单位汇聚在一起，把我们的智慧，把我们的志向，把我们的能力，把我们对孩子、对社会的责任聚焦于一个共同的目标——每一个人"学会共生"，我们的明天会更加美好！

陈永明　教授

上海师范大学

编者按

"我们 21 世纪面临的最大挑战，是要在这期间为地球上的人类实现目前还较为抽象的可持续发展。"——联合国前秘书长安南

联合国在 1992 年通过的《21 世纪议程》中将教育称为可持续发展道路的关键因素，2013 年所有成员国决议共同商讨全球环境和可持续发展议题并作出决策。

2015 年至 2017 年，上海市师资培训中心联合浙江省中小学教师与教育行政干部培训中心、德国帕绍大学（University of Passau）、德国汉斯·赛德尔基金会（Hanns Seidel Foundation）共同开展中德环境教育国际研发项目，这也是经合组织在联合国教科文组织"可持续发展"理念下推进的"应对全球气候变化"的项目之一。本项目通过国际化的创新合作，关注"气候变化"这一全球热点话题，传授先进的环境教育理念与方法，使学校能够结合其办学特色与发展目标，以培养小学生的环境意识为目的，开发小学环境教育课程和教材资源。同时，组织教师培训、研讨交流与学生实践等活动，全面探索跨学科和综合实践课程的理论建构内涵及创新实践教学，助力教师专业发展，为课程研究开辟多元的创新之路。

来自上海、浙江、云南、青海和新疆的中德环境教育国际研发项目 25 所基地学校的教师团队，借鉴德国先进的环境教育理念和方法，在科学方法与学术资料的理解应用、创新课程内容与教学方式的实践探索等方面都取得了突破性的成长与发展。

一、环境教育是当代生态文明精神与素养建设的重要组成部分

随着经济社会的发展和人类生存环境的日益恶化，环境问题已成为 21 世纪人类面临的最突出的社会性问题。重视环境保护、环境教育和公民环境素养的培养是促进我国经济、社会、文化协调发展和提高综合国力的必然要求。

习总书记在党的十九大报告中，全面论述了生态文明建设的阶段性成就、指导思想和战略部署，强调建设生态文明是中华民族永续发展的千年大计。必须树立和践行"绿水青山就是金山银山"的理念，坚持节约资源和保护环境的基本国策，像对待生命一样对待生态环境，形成绿色发展方式和生活方式，为人民创造良好生产生活环境，为全球生态安全作出贡献，这为推动我国生态文明向纵深发展指明了方向和路径。十九大报告更是把生态文明与物质文明、政治文明、精神文明、社会文明并列作为在 21 世纪中叶把我国建成富强、民主、文明、和谐、美丽的社会主义现代化强国的目标之一。

教育部发布的《中小学德育工作指南》，围绕德育目标提出中小学德育的五项主要内容：理想信念教育、社会主义核心价值观教育、中华优秀传统文化教育、生态文明教育和心理健康教育。该指南阐明了生态文明教育就是要加强节约教育和环境保护教育，环境教育要从小抓起，帮助学生树立人与自然和谐相处的环境道德观念，培养他们爱护自然、尊重自然的态度，养成维护生态环境的行为习惯；让这些未来的公民，尽早地建立保护环境的使命感和责任感，真正具备保护环境的自觉性和主动性。这既体现了时代发展的鲜明特征，又符合可持续发展战略的要求，为中华民族的伟大复兴提供不竭的精神动力。

二、项目体现了中国学生核心素养的培养目标

首先，在课程目标方面，中德环境教育国际研发项目与当下中国以培养学生核心素养为目标的基础教育课程改革相一致。基于项目所开发的环境教育课程主要以培养学生的"关键能力"为目标，这既体现了当今环境教育的国际先进理念，同时也与我国当下的基础教育改革理念相吻合。学生核心素养是关于"学生在接受相应学段的教育过程中，逐步形成的适应个人终身发展和社会发展需要的必备品格和关键能力"。例如，项目提倡围绕重要的环境教育主题，以跨学科的活动开展学校的环境教育，其中涉及各领域的人文和科学的知识与技能，从而培养学生的人文底蕴和科学精神，有助于我国学生核心素养的养成与提高。

其次，在课程实践方面，项目主要以跨学科的形式架构课程并以综合实践活动的方式实施课程。在实践方面强调学生综合运用多学科的知识和方法解决生活中与环境有关的实际问题。核心素养主要指向过程，具体表现为"关注学生在其培养过程中的体悟，而非结果导向"。教师教育理念的转变，以及教学方式与课堂实施的新方式将有助于培养学生的关键能力并关注学生表现的过程性变化，从而助力学生核心素养的培养。环境教育是以综合实践活动课程为载体，在培养学生能力的同时也促进了教师在"跨学科教学""挖掘育人价值""课堂教学方式的转变"等方面的专业成长。

三、成果与展望

2017 年底，中德环境教育国际研发项目顺利开发了涵盖 8 个课程模块、15 个主题，集"理论指导""教师指导说明""学生活动任务单"为一体的 15 册"小学环境教育模块课程"教学指导用书（见表 1），并广泛应用到教学实践中。

在此基础上，项目组开发了网络课程"绿色学堂：小学环境教育教师培训课程"，于

2018 年开始面向从事环境教育的工作者开放，同时在上海市教师教育管理平台和中国青少年科技辅导员协会"科技学堂"上线，使项目的成果得以更广泛地辐射，进一步推进了环境教育的实践进程。

表 1 "小学环境教育模块课程"教学指导用书

模 块	主 题	学 校
M 1 生物多样性	保护野生动物	上海市金山区兴塔小学
	植物多样性： 一份身边植物的资料袋	上海市普陀区武宁路小学
	生物多样性	杭州市萧山区高桥小学
M 2 气候变化	生活中的节能减排	上海市普陀区恒德小学
	蓝天小卫士	上海市杨浦区打虎山路第一小学
	低碳的足迹	湖州市爱山小学
M 3 生态系统	走进身边的生态	上海市浦东新区金新小学
	微生态创客空间	上海市长宁区天山第一小学
M 4 环境保护	护水小达人	上海市浦东新区凌桥小学
	垃圾绿循环	杭州长江实验小学
M 5 资源管理	小小水管家	上海市普陀区朝春中心小学
	让垃圾变资源	上海市实验小学
M 6 环境与健康	校园环境与健康	上海市长宁区愚园路第一小学
M 7 商品生产与消费	生产与消费	绍兴市柯桥区中国轻纺城小学
M 8 城乡发展	城市在变大 乡村在发展	海宁市实验小学

"绿色学堂：环境教育活动课程设计与教学"丛书的汇编出版，既是环境教育国际合作与本地实践的成果汇编，也是抛砖引玉。我们真诚地希望，这套丛书能对从事环境教育的工作者起到些许启发和激励的作用，坚持探索与创新，建设学生喜闻乐见的环境教育课程。中国生态环境的保护呼唤更多人的关心和担当！

华　夏
曲莉雯

理论导读

一、构建以关键能力为核心的活动课程模型

环境教育活动要有序、有效地推进，需要建构活动形态的课程。把环境教育的活动视为课程，它就具有明确的教育目标，能选择适合的活动内容，建立符合小学生心理特征的活动范式，同时还有活动成果的评价方案，形成可持续、可迁移的课程模式，避免教育活动的随意性，同时也有助于小学教师的专业成长。

德国帕绍大学克里斯蒂娜·汉森教授和凯瑟琳·普朗克博士为中德环境教育国际研发项目提供的"环境教育活动课程开发模型"，具有启发性，为参与项目的教育工作者提供了一种全新的课程设计思路和教学模式。

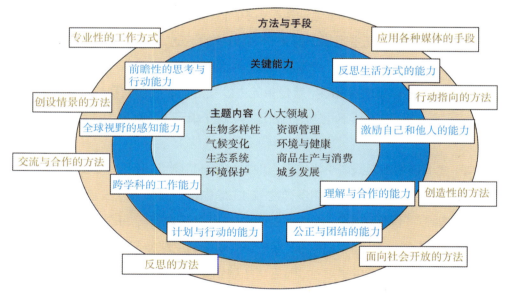

图1 环境教育活动课程开发模型

环境教育活动课程开发模型以关键能力为核心，由主题内容、方法与手段、关键能力三个同心圆组成。

1. 主题内容

内圆主题内容包含八个环境问题的主题领域，分别是生物多样性、气候变化、生态系统、环境保护、资源管理、环境与健康、商品生产与消费、城乡发展相关的环境问题，另外还包括河流、大气、土壤中的环境问题等。这些现实存在的环境问题发生在小学生身边，是他们能够感觉到的，同时也凸显了环境问题的地域特点。

八个主题内容可以供基地学校根据其教育实践情况和发展目标来选取，指向课程

主题。选择主题内容时应该遵循本土特色。这是一个普遍性的要求，因为只有把当地典型的环境问题展示出来，才会引起学生对真实环境问题的关注，同时可以让学生"看到"和"听到"，能够"感觉"和"体验"。

　　主题内容的选择可以视为一个相对独立的模块，它既是活动实施的载体，也是成果呈现的平台。环境教育活动课程可以设置若干个模块，由此可以组成一个系列化的环境教育主题。另外，全球性的环境与气候问题既多样又复杂，在学校开展环境教育时，应该在各自的主题内容导引下，确定课程一系列具体的单元主题和活动，为学生的环境教育建立一个具体而现实的环境问题情景，从而对身边的环境问题或现象有深切的感受和理解。例如，一学期的环境活动课程有30个课时，每个课程的主题内容由5～6个单元主题构成，每个单元主题下还有4～5个具体的活动，彼此间具有一定逻辑性，从而构成一个教学与活动的体系，即本丛书案例中的课程设计。

　　课程主题内容体系的逻辑性，就是单元主题和活动之间要有科学的联系。认识一个具体的环境问题，应该从不同的侧面去理解，若干单元主题都是为理解主题内容而建立的。

　　例如，上海市金山区兴塔小学结合当地农村的环境特点，围绕保护野生动物的主题开展环境教育，这是从属于"生物多样性"的主题内容。五个单元主题分别是"认识蟾蜍""救救蟾蜍""保护麻雀""濒危野生动物""动物狂欢节"，每个单元主题下又设计了5～6个活动。整个活动课程围绕着保护野生动物的主题展开。学生从关注身边的蟾蜍着手，发现了保护蟾蜍的重要性，随后再拓展到其他野生动物，进一步了解保护野生动物的情况，开展模拟情景剧、摄影展等活动。由此组成的"主题课程—单元主题—活动"设计符合逻辑、互相衔接，同时也逐渐开阔了学生的视野，让学生认识到保护野生动物是一个国际性的话题，也了解到许多国家和国际组织为保护野生动物开展了许多积极的国际合作。

　　课程活动设计的逻辑性还表现在小学各年级之间的衔接与深化。不同的主题内容适合不同年级段的学生，采用的方法与手段、关键能力的培养目标也有所不同。系统的设计可以在整个小学年级段逐层深入具体内容，从而较全面地提升小学生的环境素养，使他们在升入中学阶段和走向社会以后，真正具备一个公民应该拥有的必备品格和关键能力，以应对全球性环境问题。

2. 方法与手段

方法与手段是指解决环境问题的途径，它包括采用专业性的工作方式、创设情景的方法、交流与合作的方法、反思的方法、面向社会开放的方法、创造性的方法、行动指向的方法以及应用各种媒体的手段八个方面。对于小学生来说，教学方法的多样性和媒体的丰富性是非常重要的，这是由他们的认知特征所决定的。

把"专业性的工作方式"置于第一位，表明环境教育首先要符合科学性，即认识环境问题要有科学的态度与方法，如学会正确的实验方法、数据分析、真实记录、客观描述。环境教育涉及物理、化学、生物、地球科学等领域，不同领域也都有不同的专业方法，如观察、比较、辨认，也会使用不同的测试仪器等，这些都凸显出"专业性的工作方式"的重要性。

"创设情景的方法"也是教师常用的教学方法，通过设置模拟性的情景，让学生感受环境问题的严重性；或者让学生模拟不同的角色，体验不同的人对同样的环境问题会产生不同的想法，懂得尊重与交流的重要性。采取田野调查、社区考察是依托真实的情景，开展情景剧表演和辩论活动是创设模拟情景。

"交流""合作""反思"这些方法都是培养学生在未来社会中处理问题必备的能力与态度，提示我们的教师不能把环境教育简单地理解为"讲述""传授""接受"的过程。

从学校走向社会、走向自然界，是一种"面向社会开放"的方法，学校要组织学生走进社区、走进自然，去发现真实的环境问题。"创造性的方法"已经被许多教师所关注，在活动过程中教师要鼓励学生进行大胆的设想，能发表独特的见解，并且帮助学生实现创造。

"行动指向的方法"需要结合对"行为导向型教育理论"的理解。这里的"行动"不是指某些物质意义上的学习行为，而是有意识、有目标、有计划的学习活动。当学习内容是行为导向型的，当学习者独立地学习相关内容并与他人一起变得积极，他们会更容易获得重要的关键能力。比如团队中与他人共同计划、行动，认识复杂的联系，系统全面地思考，感同身受等，形成各种可持续发展教育中所体现的关键能力。"为了行为学习，通过行为学习"，可以理解为学习者实现有能力的行为，促进动机的、与自我相关的、认知的过程。从行动到行为导向型课堂，需要明晰"学生独立完成什么事情""学习的价值在哪里""使用价值在哪里"之间内在的发展与逻辑关系，关注"行为能力"的构成，即"专业能力"（知识技能和判断）、"方法能力"（行动和学习）、"社会能力"（分享

和传播)、"个人能力"（责任和评估)。因此，行为导向型课堂的实施可以围绕项目课程，把活动内容聚焦为一个可以实现的项目来展开；可以采用开放式课程，走出课堂、走出学校，浸润体验校外的开放式教育、开放式教室，如专业场所的体验馆等；可以采用站点式学习，循环训练，即有针对性的循环式学习；可以是基于问题的学习、混合学习、通过教学来学习、计划游戏等。

运用各种教学媒体是开展环境教育活动的必备手段，包括网络环境下的多媒体演示设备、各种实验室、温室植物园、气象观察站、PM2.5 测试仪，等等。同时还包括运用社会资源，如科技馆、自然博物馆、动物园、植物园等公共资源，还有利用附近的污水处理厂、现代农业园区等可以让学生参观的场所。

环境教育方法与手段的多样化，将有利于教育目标的达成，有利于培养具备国际视野、具有现代环境素养和关键能力的中国学生。

3. 关键能力

关键能力是环境教育活动达成的目标，在克里斯蒂娜·汉森教授设计的环境教育活动课程开发模型中，称作 Competency（能力、胜任力等)，其含义与我国学生发展核心素养中提到的关键能力是相通的。一名具有环境素养的社会公民，应该具备哪些关键能力呢？项目组在实践中提炼出以下八项关键能力：前瞻性的思考与行动能力、全球视野的感知能力、跨学科的工作能力、计划与行动的能力、公正与团结的能力、理解与合作的能力、激励自己和他人的能力、反思生活方式的能力。这八个方面组成了一名学生面对全球性环境问题的关键能力。

八个待研发的环境教育主题内容需运用一定的方法与手段来实现环境教育所要培养的关键能力。因此，环境教育活动课程开发模型的三个圆环是互相联系的：主题内容是环境教育系统中的"输入"，而关键能力是环境教育系统中的"输出"，方法与手段是实施环境教育的途径。在环境教育活动的实施过程中，内容的输入是为了培养学生的关键能力，也是环境教育活动的目标。反思过去进行的环境教育，往往存在注重环境知识的传授而忽视关键能力培养的情况，在教育形式上也偏重于课堂中的讲授，而忽视课外实践和社会体验活动的多元化开展。

关键能力作为环境教育活动课程的培养目标，既包括学生的行为能力，如前瞻性的思考与行动能力、计划与行动的能力等；也包括情感因素，如理解与合作的能力、激励自己和他人的能力等；还包括态度与价值观，如公正与团结的能力、反思生活方式的能力等。关键能力的培养需要在必要的知识理解的基础上完成，但是环境知识的获得并不是环境教育活动的全部结果。

在本丛书中，为了准确地体现与表达关键能力的培养内容，各基地学校的案例中均有对课程总体目标和课标要求的表述与对应。

二、基于环境教育课程的活动设计

这里的活动设计是针对环境教育课程中的单元主题下每个活动学习过程的设计。以关键能力培养为导向，通过一定的方法与手段将行为有效地贯穿于学习活动全过程，展示了一种落实环境教育关键能力目标的技术路径。

活动设计强调教师要关注学生的自主体验，通过一定的方法与手段引导学生对知识与技能的认识和获得，使学生能够运用各学科知识，认识、分析和解决现实问题，建立学习与生活的有机联系。教师要避免仅从学科知识体系出发进行活动设计。

1. 教为学服务，实现教学互动

教学设计一般有以下几种思路：一是从"教"的角度，将知识与技能按程序化作讲授主题，以教程特征来进行设计；二是从"学"的角度，将知识与技能设定为未知的问题，针对问题进行探究，关注学生的自主体验而设计；三是主张"教为学服务"的课堂形态，不仅关注学生的自主体验，也强调教师要通过一定的方法与手段引导学生对知识与技能的认识和获得，关键能力的培养将作为纽带推动学习过程中的每一个环节，从教与学互动的角度，将学生的学程与教师的教程互为对应，从而实现学教互动。本课程聚焦于关键能力目标，强调互动，定位在活动设计。

2. 全程设计，落实目标导向和行为贯穿的指导思想

全程设计包括如下含义：一要遵循认知规律，将行为引导与认知本性相融合，使现代科学的学习方法论贯穿于活动全过程；二要遵循系统方法，把学习活动的元认知因素组合成一个系统，"学、问、思、辨、行"都能围绕主题或问题展开，确立合理的程序纲要，力求教学效果最优化；三要服务于立德树人目标，每个学习活动和教学指导的背后，对如何培养关键能力都有相应说明；四要体现全涵盖要求，能够将单元主题设计和活动设计互相照应，将"树木"与"森林"组成一家，使每一棵树都有原生态的归属感。

3. 单元设计要素齐全，活动设计环节清晰

单元设计指向整个单元主题的目标、行为、路径、技术、检验等方面，是对如何开展学习活动的预设。单元设计要明确反映这些系统性诉求，其有十个要素。表1以"家乡的生态环境"单元设计为例，展示了这十个要素的具体内容，解释各自含义。

表1 "家乡的生态环境"单元设计（节选）

设计要素	指导意见	举例释义
单元主题目录	一个完整的环境教育课程有5~6个主题单元，每个主题单元下还有4~5个具体的活动，同时对应相应的课时数。	**课程主题：走进身边的生态** 单元主题一：我梦想中的绿色小区 活动1：小组设计一个绿色小区模型（1课时） 活动2：绿色小区创意行宣传活动（2课时） …… 单元主题二：小镜头中的家乡生态 活动1：家乡生态的摄影比赛（3课时） 活动2：身边的青山绿水（2课时） ……
课标要求	回应课程标准、课程纲要与大纲。	回应《自然课程标准》《品德与社会课程标准》《中小学生环境教育专题教育大纲》《中小学综合实践活动课程指导纲要》《中小学环境教育实施指南》《小学科学课程标准》《上海市小学科学与技术课程标准》等的要求。
对照学科专业	具体学科中的主要专业指向。	自然、技术、美术、语文等学科中的相关内容。
关键能力目标	针对上述相关"关键能力"落实要求。	前瞻性的思考与行动能力：参与对生态环境改善的讨论，以及绿色小区设计等活动。 全球视野的感知能力：通过网络或书籍阅读，了解生态保护的世界问题与现状等。
方法与手段	参考八种"方法与手段"。	专业性的工作方式：体验生态学研究方法，学习生态样方调查法等。 创设情景的方法：在真实情景中寻找生态知识和生态问题。
学业评价设计	形成性评价、终结性评价与表现性评价兼顾。	学习档案袋：评价生态环境调查活动等记录，分析积累的过程体验。 项目活动的结果：对照目标评价所有活动结果（摄影、小报、模型等）。
活动空间	创设实践工作坊，鼓励跨学科实践和能力迁移。	主题与行动融合：为家乡的环境改善成立"生态保护志愿者"小组。 行动计划拓展：为社区分发或在社区宣传窗张贴《生态保护小报》。
材料与资源	包括课内和课外学习所需。	课内：教学挂图、视频等。 课外：生态调查需要的工具和耗材等。

（续表）

设计要素	指导意见	举例释义
校内合作	跨学科研究和行政保障。	成立环境教育联合教研组、校长参加等。
校外合作	争取社会场馆和企业的支持。	参观苏州河梦清园环保主题公园等。

　　活动设计是指在单元主题教学设计的框架下，具体落实每个活动的目标任务，需要针对目标导向有比较完整的流程设计。

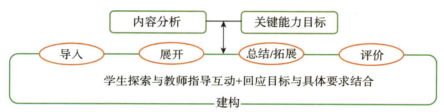

图 2　单个活动设计流程图

　　单个活动设计需要有上述基本环节要求，并形成结构性关系，以引导具体的教学活动，具体可见表 2 的示例。

表 2　家乡的生态环境（单元主题）：我们的"生态小报"（单元活动）

		学生活动	教师指导要点	要求说明
活动过程	导入	交流以前对生态环境的学习认识，了解编报要求。	组织学生交流，对交流情况进行鼓励。	巩固前几节课的学习成果。
	展开	① 搜索学习小报样本，选择一个参考样本。 ② 讨论编报任务分工。 ③ 按分工活动：搜集资料、选择图片、电脑打字等。 ④ 根据小报版式进行编辑。 ⑤ 在教师指导下完善小报，并参与交流。 ⑥ 开展大组评价，评选出最佳"生态小报"。	① 出示学生编辑的学习小报，引导学生观摩比较。 ② 指导制作小报的基本任务。 ③ 巡视指导，针对资料内容提出相关建议。 ④ 指导分栏目编报的技术和策略。 ⑤ 针对不同小组的"生态小报"予以评议，提出完善建议。 ⑥ 组织学生对不同小组编写的"生态小报"开展评选。	依照活动目标（关键能力培养目标），按"学教互动"的思路组织师生活动。教师将对学生的评价与鼓励贯穿在整个活动中。
	总结／拓展	交流编报的收获，在校园橱窗中展示"生态小报"，或借助网络开展网上交流等。		
活动评价		针对学生实践活动的达标情况进行评价，对有创新和亮点的学生予以鼓励。		

4. 活动任务单，服务学生行为的学程导向

活动任务单是为学生活动行为流程有效化所提供的指导设计，可以有效落实学生实践活动的开展，一般要有明确的任务、要求、实践、检验四点要求。回应上述"生态小报"编写任务，表3所列的活动任务单即为一种示例。在具体设计中，可以按项目长作业的形式，提供一些参考资料或资源平台。评价环节可以通过交流展示、分享评比等形式进行。

表3 "生态小报"活动任务单

搜集小报样本	每人搜集 1~2 份适合的小报样本
选择小报题目	题目要符合生态环境保护思想
讨论小组分工	根据任务，具体分工到人（3~4 人一组） A： B： C： D：
开展小报制作	可以借助电脑
参与交流展示	对题目、内容、栏目等进行介绍
开展互相评价	小组间相互评价

如何具体呈现上述活动设计要素，可根据不同主题特点进行调整，鼓励创新。

克里斯蒂娜·汉森　凯瑟琳·普朗克

陈胜庆　赵才欣　华　夏　曲莉雯　苏　娇

第一篇

小小水管家

水是生命之源，是人类赖以生存的珍贵资源。随着近代世界人口的急剧膨胀，全世界耗水量在 20 世纪增加了 6 倍，加之工业化、现代化对生态环境带来的负面影响，水污染日益严重，地球上的水资源也日益紧缺。目前，已有 100 多个国家缺水。水荒不仅成为许多国家经济发展的严重障碍，而且严重地威胁到人类的生活、健康与生命。

我国是世界上最缺水的国家之一，人均水资源不到世界平均数的 1/4。增强节水意识，对我们来说就显得更为紧迫。现实的情况是，我们对水资源的浪费十分严重。工业用水技术的落后，致使单位产值的用水量显著高于美国、日本等发达国家，而工业用水的重复利用率也显著低于发达国家。节约用水，是一件人人都应重视、人人都有责任、人人都能尽力的具有重要意义的事情。在学校中开展生动活泼的节水活动，例如开展用水调查，探讨节水方法等，可以让学生在建设节约型校园、节约型家庭的活动中，养成"反思生活方式的能力"以及"激励自己和他人的能力"。

01 主题内容

本篇的课程内容指向"小小水管家"，制定了"水的大家庭""水和植物""水的旅行""干净的水和肮脏的水""我们怎样节约用水""我们怎样保护水资源"等活动主题。

02 总体目标

我们的生活每天都离不开水。当今社会水资源匮乏，学生在了解了水的多种存在形态，水与植物、人类之间的紧密联系之后，在面临严峻的水资源形势下，让学生知道应该怎么做。

（1）要有惜水意识，只有意识到"节约水光荣，浪费水可耻"，才能时时处处注意节水。

（2）养成好习惯。

（3）使用节水器具。

（4）查漏塞流。

通过课程学习，让学生明白人类对环境的保护归根结底是基于保护地球上日益枯竭的资源，保护人类生存发展的基本条件，其中保护水资源是首位的。

03　课标要求

《中小学环境教育实施指南》

2.2.2.2　识别家庭、学校和社区的环境问题，并设计、实施和评价解决方案。

2.2.3.1　知道人对环境的依赖，反思个人生活对环境的影响。

《中小学综合实践活动课程指导纲要》

1.2.3　本课程鼓励学生从自身成长需要出发，选择活动主题，主动参与并亲身经历实践过程，体验并践行价值信念。

2.2.3　能在教师的引导下，结合学校、家庭生活中的现象，发现并提出自己感兴趣的问题。

04　评价方式

形成性评价、终结性评价和表现性评价。

课程设计

后续的单元主题活动案例为本篇课程设计内容的节选，具有一定的代表性，较全面地诠释了环境教育活动课程设计的思路以及"主题内容"与"单元主题"和每一个"活动"之间的逻辑关联，同时也体现了每个活动学习过程的具体设计，可供参考。

课程名称	小小水管家 关键词：节约用水　饮用水　家庭学校　污水排放　健康				
学　段	小学二年级	课时量：30 课时（35 分钟／课时）			
		时　间：一学年			

活动内容

单元主题	活　动		课时数	关键能力	方法与手段	
一、水的大家庭	活动1	水的三态变化	1	跨学科的工作能力 理解与合作的能力 激励自己和他人的能力	专业性的工作方式	观察体验
	活动2	怎样证明空气中有水	1	全球视野的感知能力 跨学科的工作能力 理解与合作的能力	专业性的工作方式 交流与合作的方法	观察实验
	活动3	水的大家族	1	计划与行动的能力 激励自己和他人的能力 公正与团结的能力	专业性的工作方式 交流与合作的方法	团队活动
	活动4	咸水和淡水	1	全球视野的感知能力 前瞻性的思考与行动能力 激励自己和他人的能力	专业性的工作方式 交流与合作的方法	实验研究

（续表）

单元主题	活动		课时数	关键能力	方法与手段	
	活动5	大自然中可被人类利用的水	1	跨学科的工作能力 计划与行动的能力	专业性的工作方式 交流与合作的方法	竞技比赛
二、水和植物	活动1	植物生长需要的条件	1	理解与合作的能力 计划与行动的能力	创造性的方法 创设情景的方法	实验研究
	活动2	水培实验——芽苗菜种植	1	计划与行动的能力 理解与合作的能力	创造性的方法 创设情景的方法	实验研究
	活动3	水培植物	1	公正与团结的能力 激励自己和他人的能力	创设情景的方法 交流与合作的方法	实验研究
	活动4	水对植物生长的作用	1	跨学科的工作能力 理解与合作的能力	交流与合作的方法 创造性的方法	实验研究
	活动5	水和植物生长之间的关系	1	全球视野的感知能力 跨学科的工作能力 理解与合作的能力	交流与合作的方法 创造性的方法	实验研究
三、水的旅行	活动1	水妈妈的孩子	1	跨学科的工作能力 计划与行动的能力	交流与合作的方法 创设情景的方法	情景剧
	活动2	水循环	1	前瞻性的思考与行动能力 理解与合作的能力	专业性的工作方式	实验研究
	活动3	水循环对天气的影响	1	前瞻性的思考与行动能力 理解与合作的能力	专业性的工作方式 创设情景的方法	实验研究
	活动4	降水	1	全球视野的感知能力 理解与合作的能力	行动指向的方法 应用各种媒体的手段	实验研究
	活动5	露和霜的形成	1	跨学科的工作能力 计划与行动的能力	专业性的工作方式 交流与合作的方法	观察体验
四、干净的水和肮脏的水	活动1	什么水最干净？	1	前瞻性的思考与行动能力 全球视野的感知能力	专业性的工作方式 交流与合作的方法	调查
	活动2	测试水中的杂质	1	计划与行动的能力 理解与合作的能力	专业性的工作方式 交流与合作的方法	实验研究
	活动3	水是怎样弄脏的？	1	前瞻性的思考与行动能力 全球视野的感知能力	行动指向性的方法 交流与合作的方法	观察体验
	活动4	我们喝什么水？	1	全球视野的感知能力 理解与合作的能力	行动指向性的方法 应用各种媒体的手段	调查
	活动5	饮用水的调查	1	全球视野的感知能力 理解与合作的能力	行动指向的方法 面向社会开放的方法	调查
五、我们怎样节约用水	活动1	生态园雨水收集	1	全球视野的感知能力 理解与合作的能力	行动指向性的方法 应用各种媒体的手段	实验研究
	活动2	学校里的废水利用	1	全球视野的感知能力 前瞻性的思考与行动能力 激励自己和他人的能力	专业性的工作方式 交流与合作的方法	调查
	活动3	家庭用水的情况	1	反思生活方式的能力 理解与合作的能力	行动指向的方法 面向社会开放的方法	调查
	活动4	学校用水的调查	1	激励自己和他人的能力 理解与合作的能力	行动指向的方法 交流与合作的方法	调查

（续表）

单元主题	活动		课时数	关键能力	方法与手段	
	活动5	节约用水的意义	1	全球视野的感知能力 理解与合作的能力	行动指向的方法 应用各种媒体的手段	观察体验
六、我们 怎样保护 水资源	活动1	工业废水和生活 污水的排放	2	前瞻性的思考与行动能力 理解与合作的能力	专业性的工作方式 创设情景的方法	观察体验
	活动2	怎样减少这些现 象的发生？	1	前瞻性的思考与行动能力 理解与合作的能力	专业性的工作方式 交流与合作的方法	反思
	活动3	倡议书，我们怎 么做	1	前瞻性的思考与行动能力 理解与合作的能力	行动指向的方法 面向社会开放的方法	团队活动
	活动4	"保护水资源"主 题班会	1	前瞻性的思考与行动能力 激励自己和他人的能力	行动指向的方法 创设情景的方法	团队活动

单元主题活动案例

主题一：水的大家庭

"水的大家庭"这一主题是引导学生认识水的三种状态，知道水的三态变化的条件有哪些，了解水的分布等知识。

水有哪几种状态？这些状态之间会相互转化吗？空气中有水吗？

哪些地方有水？你知道咸水和淡水的区别吗？人类可利用的水有哪些？

01 活动目录

活动1　水的三态变化

活动2　怎样证明空气中有水

活动3　水的大家族

活动4　咸水和淡水

活动5　大自然中可被人类利用的水

02 活动空间

在未来工作坊（扩展活动）中，学生将主题知识与未来的愿景和行动计划相融合，通过不同的行动改善问题。落实行动，整合各类资源，以行动为导向实现所学知识和所培养能力的迁移与可持续运用。例如，认识水的三态变化的过程中，把认识生活中的天气常识与所学的主题知识结合起来，通过行动来改善问题，培养学生观察与思考的能力。

03 活动资源

校内合作

各学科的专业师资：艺术、语文、自然等学科教师。

学校管理层、班主任老师、后勤人员。

校外合作

到社区、公园等处观察水的存在形式。

青少年中心水科技实验室等。

生态园水池

活动1 水的三态变化

一、活动简介

水的循环是自然界中的一个重要现象。如果学生已经注意到天空中的云和降雨，发现棒冰外部水滴的形成，观察到雾或好奇霜是从哪里来的，那么，他们就已经观察到了自然界中水的循环。作为水循环的一部分，地球上的水一直在从液态（或固态）变成气态，再变成液态（或固态）……本活动帮助学生回忆或观察水在自然界的各种形态——云、雾、雨、露、霜、雪、冰……讨论它们之间变化的原因和条件，使学生初步认识到水的三态之间的变化是可逆的。

二、关键能力的培养

1. **跨学科的工作能力**：学生通过自然、美术、化学等学科了解自然现象。
2. **理解与合作的能力**：小组合作进行观察、实验。
3. **激励自己和他人的能力**：小组成员一起做好计划然后实施。

三、方法与手段

专业性的工作方式：观察、实验。

四、活动材料

1. **活动材料与工具**：烧杯、酒精灯、石棉网、火柴、冰块、水。
2. **活动任务单**：水的三态变化需要的条件。
3. **活动总评价表**："水的三态变化"活动总评价表。

五、活动方案

（一）活动时间：1 课时

（二）活动过程

学生活动	教师指导要点	要求说明
一、冰变水 （学生说、讨论）它们有什么不同？ 　水能变成冰，冰能变成水吗？（能）那你有什么方法能使冰变成水呢？（请学生说一说） 　大家想了很多不一样的方法，也能使冰变成水，我们一起来看看吧！ 　学生使用各种方法使冰变成水。	组织学生讨论水和冰之间的区别，引导学生交流让冰变成水的方法。 指导学生实验，把固体的冰变成液态的水。 引导学生得出结论：我们用了这么多的方法使冰变成水，其实晒太阳、用水泡、用吹风机吹、用火烧这些方法都是在给冰块加热，原来冰块加热就能变成水。	学生能说出冰变成水的条件是什么。 （见活动任务一）
二、水变气 　我们给冰块加热变成水，要是给水加热，水又会变成什么呢？（学生思考、交流） 　小朋友都说了给水加热会变成什么，那我们一起来看看吧！ （学生观察水变成水蒸气的过程） （水壶上面冒气了）水壶上面冒出来的气就是水蒸气。 　水为什么会变成水蒸气呢？（水经过加热就会变成水蒸气）	引导学生观察热水壶，并说出观察到的现象。 引导学生得出结论：原来给水加热就会变成水蒸气。	能列举生活中水变成水蒸气的例子。 引导学生合作观察，培养学生理解与合作能力。 （见活动任务二）

（续表）

学生活动	教师指导要点	要求说明
三、气变水 　　水加热会变成水蒸气，那水蒸气还会变吗？让我们来看看吧！ 　　小结：水蒸气遇冷就会变成水。 　　今天我们做了那么多的实验，知道水遇冷后能变成冰，冰加热后变成水，水加热会变成水蒸气，水蒸气遇冷后又会变成水，原来水是这样循环变化的。	教师出示镜子，指导学生观察镜子的特点。 教师将镜子放在热水壶上方，引导学生观察镜子表面产生的变化。 请学生讨论交流观察到的现象。 引导学生得出结论：水蒸气遇冷后会变成水。	能列举生活中出现的自然现象来解释说明水的三态变化。 （见活动任务三）

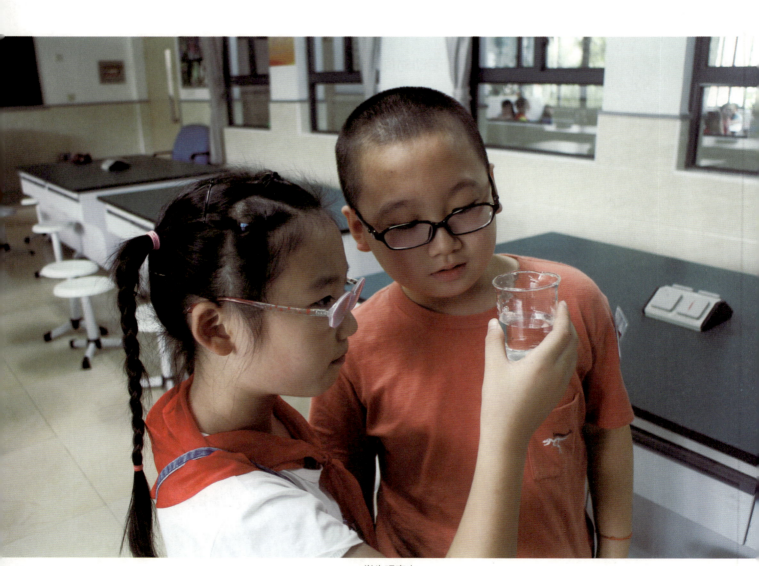

学生观察水

（三）活动任务

任务一：冰变水

1. 任务目标

了解"冰变水"的条件。

2. 任务内容

（1）列举生活中"冰变水"的例子。

（2）通过分析生活中的例子，了解"冰变水"的条件。

任务二：水变气

1. 任务目标

了解"水变气"的条件。

2. 任务内容

（1）列举生活中"水变气"的例子。

（2）通过分析生活中的例子，了解"水变气"的条件。

任务三：气变水

1. 任务目标

了解"气变水"的条件。

2. 任务内容

（1）列举生活中"气变水"的例子。

（2）通过分析生活中的例子，了解"气变水"的条件。

水的三态变化需要的条件

状态	条件	变化成的状态
水	加热	（　　）
（　　）	受冷	冰
水蒸气	（　　）	水
冰	加热	（　　）

"水的三态变化"活动总评价表

活动满意度（打"√"）	优秀	良好	须努力
知道"冰变水"的条件是什么			
知道"水变气"的条件是什么			
知道"气变水"的条件是什么			

活动 2　怎样证明空气中有水

一、活动简介

本活动主要围绕与"空气中的水蒸气"有关的天气现象展开。要求学生通过主动收集资料、讨论、交流、设计模拟实验来开展探究活动，从而认识到空气中有水，培养学生关注身边事物的习惯，激发学生认识天气现象的兴趣。

二、关键能力的培养

1. **全球视野的感知能力**：感知世界上到处有水，水是无处不在的。
2. **跨学科的工作能力**：通过语文、自然科学等相关学科了解空气中有水。
3. **理解与合作的能力**：小组合作查找资料、展开调查。

三、方法与手段

1. **专业性的工作方式**：实验的方法。
2. **交流与合作的方法**：小组合作完成实验。

四、活动材料

1. **活动材料与工具**：玻璃杯、冰块、水。
2. **活动任务单**：设计一个生活中简单的证明空气中有水蒸气的实验。
3. **活动总评价表**："怎样证明空气中有水"活动总评价表。

五、活动方案

（一）活动时间：1 课时

（二）活动过程

学生活动	教师指导要点	要求说明
一、导入 　观察玻璃杯和塑料袋外壁有什么？是从哪里来的？ （预设：水不可能是从杯壁渗出来的，因为玻璃杯是不渗水的；冰融化时杯子中的水还没有满，不可能溢出来；加冰的时候一般都是小心地加入杯内，不会洒到杯外。）	指导学生通过观察发现在玻璃杯和塑料袋的外壁都出现了水珠。然后要求学生讨论交流小水珠的来源。	通过观察和讨论，让学生知道空气中有水蒸气的存在。 （见活动任务一）
二、完成对比实验 　学生讨论后达成共识：做一组对比实验。（出示三只同样的玻璃杯，	引导学生通过讨论和分析，发现玻璃杯外壁上的小水珠，不是杯内的冰融化形成的水。	解释、假设必须经过分析、论证才具有一定的科学性。此环节正是出于这一点才进行的，而且在此过程中可以充分调

（续表）

学生活动	教师指导要点	要求说明
其中一只杯里加满自来水,一只杯里什么也不加,另一只加冰,静静地放在桌上。隔几分钟观察三个玻璃杯外壁有没有出现水珠。）	提出假设,引导学生设计实验证明水珠的形成与冰的联系。	动学生的思考、讨论、判断、假设能力,充分地进行"思"的训练,为更好地"行"做准备。（见活动任务二）
三、学生猜测 　预设:水蒸气遇冷形成;可能涉及水蒸气、凝结、水汽等。这时也可以提问:空气中有水蒸气吗?水蒸气是从哪里来的?水蒸气能变成水吗?是什么使水蒸气的状态发生了变化?	引导学生得出结论。	此环节希望学生根据观察及原有的生活经验,重新做出假设。当学生对小水珠的产生有了模糊认识时,教师即可让学生去寻找一些新的证据来验证自己的答案,培养学生全球视野的感知能力。

（三）活动任务

任务一：空气中有水蒸气

1. 任务目标

了解空气中有水蒸气。

2. 任务内容

（1）观察玻璃杯外壁上的小水珠。

（2）了解小水珠的形成原因。

任务二：对比实验

1. 任务目标

通过对比实验了解空气中有水蒸气。

2. 任务内容

（1）观察对比实验。

（2）通过对比实验知道小水珠是空气中的水蒸气遇冷凝结而成的。

设计一个生活中简单的证明空气中有水蒸气的实验

实验器材：

草图：

"怎样证明空气中有水"活动总评价表

活动满意度（打"√"）	优秀	良好	须努力
能了解空气中有水蒸气			
能通过实验证明空气中有水蒸气			

活动 5　大自然中可被人类利用的水

一、活动简介

本活动旨在使学生初步了解地球水资源的现状，分清淡水和咸水，懂得水对人类及动植物的重要意义；关注地球上水的分布，了解我国水资源的现状，初步养成节约用水的意识。

二、关键能力的培养

1. **跨学科的工作能力**：利用自然科学、地理、美术等学科让学生了解水资源分布。
2. **计划与行动的能力**：查找资料前要做好计划，按照计划进行。

三、方法与手段

1. **专业性的工作方式**：利用网络资源查找可利用的水资源的分布。
2. **交流与合作的方法**：小组分工查找资料并交流反馈。

四、活动材料

1. **活动材料与工具**：地球仪、多媒体。
2. **活动任务单**：了解水资源分布情况、了解水的作用、节约用水。
3. **活动总评价表**："大自然中可被人类利用的水"活动总评价表。

五、活动方案

（一）活动时间：1 课时

（二）活动过程

学生活动	教师指导要点	要求说明
一、了解水资源分布情况 　　分组观察地球仪，指出哪些地方有水。通过观察地球仪，初步了解地球水资源的现状，分清淡水、咸水，明白淡水资源的珍贵，初步形成节约用水意识，爱护珍惜水资源。	引入哪里有水，哪些水有用。	通过查找资料了解世界上水的分布。 （见活动任务一）

（续表）

学生活动	教师指导要点	要求说明
二、了解水的作用 1. 快速联想 （1）哪里有水？（河、湖、井） （2）水有哪些用处？（饮用、灌溉、养殖） 2. 讨论 　我们在日常生活中哪些活动需要用水？（洗碗、洗菜、洗米、洗衣、洗澡、煮饭、浇花、浇菜） 3. 观看实验录像 　取 4 盆生长良好的草本植物，老师和学生分别用咸水、淡水浇灌，然后分别放在阳光下，两天后，可见用咸水浇灌的植物叶片日渐枯萎，从而使学生明白植物和人一样需要喝淡水。	通过分析地球上水的分布情况以及日常用水的情况，让学生懂得水对人类及其他有机生命体的重要意义。 通过对比实验，引导学生了解水对植物生长的重要意义。	举例说明水对人类的重要意义。 （见活动任务二）
三、节约用水 **讨论：** 1. 能用的淡水只有多少？ 2. 我们应该怎样节约用水？ （1）节约用水的重要性是什么？ （2）怎样节约用水？ **从我做起，节约用水：** 1. 适度拧开水龙头，避免造成流量过大的浪费现象；随时随地关紧水龙头，不要让清水流失。 2. 一水可以多用，洗菜的水可以浇花、洗手，洗衣服的水可以留着擦地、冲厕所。 3. 洗澡时采用省水的淋浴，即冲即用，擦肥皂、刷牙时，要关上水龙头。 4. 发现水龙头有滴漏现象时，用水盆接住滴漏的水，然后请大人及时维修。 5. 劝妈妈衣服少的时候尽量用手洗，这比用洗衣机省水、省电。 6. 发现有人浪费水，应及时阻止。	通过联系生活，引导学生知道生活中应该如何节约用水。	通过资料了解可饮用水的稀缺，知道我们应该节约用水。 请学生说说节约用水的方法，从生活中的点滴做起。 （见活动任务三）

洗手规范

（三）活动任务

任务一：了解水资源分布情况

1. 任务目标

了解全球水资源分布情况。

2. 任务内容

（1）分清淡水、咸水，明白淡水资源的珍贵。

（2）初步形成节约用水意识，爱护珍惜水资源。

任务二：了解水的作用

1. 任务目标

知道水的用处。

2. 任务内容

（1）讨论：我们在日常生活中哪些活动需要用水？

（2）举例说明水对人类的重要意义。

任务三：节约用水

1. 任务目标

了解节约用水的重要性。

2. 任务内容

（1）通过资料了解能用的淡水有多少。

（2）说一说可以怎样节约用水。

"大自然中可被人类利用的水"活动总评价表

活动满意度（打"√"）	优秀	良好	须努力
能了解水资源的分布情况			
能了解水的作用			
能将节约用水落到行动上			

单元主题活动案例

主题二：水和植物

水是植物主要的组成成分。植物体的含水量一般为60%～80%，有的甚至可达90%以上，没有水就没有生命。"水和植物"这一主题是让学生认识水和植物之间的关系；知道水对植物的生长起到的巨大作用；了解植物生长所需要的几大条件；知道芽苗菜的种植，水培植物的作用。

01 活动目录

活动 1　植物生长需要的条件
活动 2　水培实验——芽苗菜种植
活动 3　水培植物
活动 4　水对植物生长的作用
活动 5　水和植物生长之间的关系

02 活动空间

在未来工作坊（扩展活动）中，学生将主题知识与未来的愿景和行动计划相融合，通过不同的行动改善问题。落实行动，整合各类资源，以行动为导向，实现所学知识和所培养能力的迁移与可持续运用。

03 活动资源

校内合作

各学科的专业师资：语文、数学、自然科学、音乐、体育等学科教师。

学校管理层：水奥运主题活动、水分子健康操。

校外合作

社区水性质探查。

活动 1　植物生长需要的条件

一、活动简介

本活动让学生知道植物的生长需要水、阳光、空气、土壤等条件，缺少一个都不能让植物正常生长。水是植物的重要组成，没有水也就没有了生命。植物体内水分充足时，植株才能坚挺，保持直立的姿态；叶片才能舒展，有利于光合作用。

二、关键能力的培养

1. **理解与合作的能力**：小组合作完成"水对植物生长的作用"对比实验。
2. **计划与行动的能力**：对比实验的计划与实施。

三、方法与手段

1. **创造性的方法**：对比实验。
2. **创设情景的方法**：创设对比实验的情景——有水或没水与植物生长的关系。

四、活动材料

1. **活动材料与工具：**（添加图片／多媒体资料）植物、水等实验器材。
2. **活动任务单：**植物生长需要的条件。
3. **活动总评价表：**"植物生长需要的条件"活动总评价表。

五、活动方案

（一）活动时间：1 课时

（二）活动过程

学生活动	教师指导要点	要求说明
一、导入 　波波、妍妍、琪琪三个好朋友走到一个墙角边，发现墙角边的两株植物长得大小不同。 　为什么生长在相邻位置的两株植物的生长状况有很大不同呢？	通过小案例引入，引导学生了解植物的生长需要什么条件。	活动导入，激发学生的学习兴趣。
二、植物"喝水"对比实验 　观察一组对比实验，得出植物的生长离不开水。 　★ 土壤浸出液里有什么？ 　土壤里有植物生长所需的营养成分，这些养分溶解在水中，能被植物吸收。 　★ 不同土壤对植物生长有什么影响？ 　1. 壤土能保水保肥，养分丰富，最适合植物生长。 　2. 黏土能保水保肥，养分较丰富，但透气透水性差。 　3. 砂土保水保肥能力差，养分较少。 　根据三种土壤的特点，把预测结果填写在"我的预测"栏里。	通过对比实验，引导学生讨论交流植物的生长需要哪些条件，知道各种因素对植物生长的影响。	小组合作完成对比实验，培养学生理解与合作的能力。 对比实验可以准确地让学生知道植物生长离不开水。不同的土壤对植物的生长也是不一样的。三种不同的土壤由于营养的不同，植物生长也不同。 （见活动任务一）
三、阳光、空气、温度对植物产生的影响 　观察自己家里阳台上的植物，设置不同的生长条件，了解阳光、空气、温度会对植物产生什么影响，并完成"植物的生长需要哪些条件？"活动任务学习单。	引导学生对自己家里的植物设置不同的生长环境，通过观察，了解各个条件对植物生长的影响。 例如： （1）如果植物的生长缺少了阳光，植物会有什么变化？ （2）如果植物的生长缺少了空气，植物会有什么变化？ （3）如果植物的生长没有适宜的温度，植物会有什么变化？ 经过讨论引导学生得出结论：阳光、空气、温度等因素对植物的生长有较大的影响。	植物的生长需要：水、阳光、土壤和空气。 （见活动任务二）

交流讨论

对比实验

（三）活动任务

任务一：植物"喝水"对比实验

1. 任务目标

通过对比实验，知道植物的生长离不开水。

2. 任务内容

（1）仔细观察植物"喝水"对比实验。

（2）通过实验了解水对植物生长的重要性。

任务二：阳光、空气、温度对植物产生的影响

1. 任务目标

了解阳光、空气、温度会对植物产生什么影响。

2. 任务内容

（1）讨论：植物缺少了阳光、空气、温度会有怎样的影响。

（2）得出结论：阳光和空气是植物进行光合作用的必要条件，植物生长需要合适的温度。

植物的生长需要哪些条件？（填空）

植物生长需要的条件有＿＿＿＿＿＿＿＿、＿＿＿＿＿＿＿＿、＿＿＿＿＿＿＿＿、＿＿＿＿＿＿＿＿。

"植物生长需要的条件"活动总评价表

活动满意度（打"√"）	优秀	良好	须努力
能完成植物"喝水"对比实验			
能了解阳光、空气、温度对植物产生的影响			

活动 4　水对植物生长的作用

一、活动简介

植物对水分的吸收和利用是植物生长过程中一项至关重要的生命活动，因此本活动内容在整个植物的学习过程中显得尤为重要，对以后的植物各项其他生命活动过程的学习也有重要意义。

二、关键能力的培养

1. **跨学科的工作能力**：利用生物、自然科学、化学、美术等学科知识认识植物和水的关系。
2. **理解与合作的能力**：小组合作完成实验。

三、方法与手段

1. **交流与合作的方法**：小组合作，相互交流。
2. **创造性的方法**：用腌制的办法知道水分能维持植物体一定的形态。

四、活动材料

1. **活动材料与工具**：盐水、淡水、萝卜、气球等。
2. **活动任务单**：植物需水量调查任务单。
3. **活动总评价表**："水对植物生长的作用"活动总评价表。

五、活动方案

（一）活动时间：1 课时

（二）活动过程

学生活动	教师指导要点	要求说明
一、展示调查结果　学生开始纷纷议论自己的调查情况。　学生甲："我调查的植物有水稻、高粱、玉米，它们的需水量是不同的。水稻需要的水最多。"	通过课前的植物用水量调查，引导学生讨论交流各种植物在生长期间对水的需求量。	调查植物生长的需水量是不同的，植物在不同的生长时期，其需水量也是不一样的，这个内容需要学生利用各种方法，比如自己上网查找资料了解植物的需水量，

（续表）

学生活动	教师指导要点	要求说明
学生乙："我调查的水稻在它生长的不同时期的需水量是不一样的。抽穗期需要的水最多。"	请学生反馈他们的调查表。	培养学生跨学科的工作能力。（见活动任务一）
二、学生实验展示 学生讲解实验的过程及结果：放入浓盐水中的萝卜条变软了，而在清水中的萝卜条变得更加硬挺。这时候学生已经表现出了极大的好奇心，有的学生已经迫不及待地举手提问了。	请在家里完成实验的学生展示他们的实验过程和结果。	要了解水和植物生长之间的关系，最好的方法还是对比实验。
三、释疑小实验 "那么，盐水中的萝卜为什么会变软呢？"这时候，很多学生都恍然大悟："是不是因为萝卜中的水分跑出去了呢？"还有学生引申到："那么清水中的萝卜条变硬就是因为它吸收了水分吧！"并得到大家的普遍认可。至此，大家已经基本体会到了水分能维持植物体一定的形态。	教师通过"腌制萝卜"小实验引导学生发现水能维持植物一定的形态。 引导学生进行讨论交流，最后得出结论：不同植物及同一植物的不同时期对水的需求不同，水能维持植物一定的形态。 通过提问，引导学生了解自然界的水是怎样被污染的，污染的水是怎样危害人体健康的。让学生明确自然水域的水必须经过处理，除去部分或全部的杂质后才能饮用。 教师通过讲解，让学生知道去除水中杂质的方法。 教师巡视学生实验。指导学生用小米水质测试笔测试各种水样中的可溶性固体的含量。	通过引导学生展示和讨论，使学生了解水对植物的作用，培养理解与合作的能力。（见活动任务二）

植物幼苗

收获的喜悦

（三）活动任务

任务一：调查各种植物的用水量是否相同

1. 任务目标

　　了解是不是每种植物的需水量都一样，在一种植物的不同生长时期，它的需水量是否相同。

2. 任务内容

　　（1）查阅图书、上网查找资料，了解植物的需水量情况。

　　（2）展示调查结果。

任务二：实验展示"盐水中的萝卜条"

1. 任务目标

　　通过观察盐水中的萝卜条变软了，清水中的萝卜条变得更硬了，了解水对植物的作用。

2. 任务内容

　　（1）实验展示"盐水中的萝卜条"。

　　（2）通过分析、展示实验，了解水对植物的作用。

植物需水量调查任务单

植物名称	用水量	备注
水稻		
高粱		
玉米		
小麦		
红薯		

"水对植物生长的作用"活动总评价表

活动满意度（打"√"）	优秀	良好	须努力
调查各种植物的用水量是否相同			
实验展示"盐水中的萝卜条"，了解水分能维持植物体一定的形态			

芽苗菜的种植

 单元主题活动案例 👆

主题三：水的旅行

"水的旅行"这一主题是让学生知道水有多种形态存在于大自然中；知道水的三种状态之间可以相互转化；知道自然界中水循环的意义；知道各种天气现象特别是降水的产生原理。

01　活动目录

活动 1　水妈妈的孩子

活动 2　水循环

活动 3　水循环对天气的影响

活动 4　降水

活动 5　露和霜的形成

02　活动空间

在未来工作坊（扩展活动）中，学生将主题知识与未来的愿景和行动计划相融合，通过不同的行动改善问题。落实行动，整合各类资源，以行动为导向实现所学知识和所培养能力的迁移与可持续运用。

03　活动资源

校内合作

　　各学科的专业师资：语文、数学、自然科学、音乐、体育等学科教师。

　　学校管理层：水奥运主题活动、水分子健康操。

校外合作

　　社区水性质探查。

活动 3　水循环对天气的影响

一、活动简介

　　本活动使学生初步了解水循环是形成各种常见天气现象的原因；初步了解云、雾、雨、雪、霜、露六种常见天气现象形成的原因；初步了解人们预测、预报天气的过程。树立学生随着科学技术的不断进步，人类认识自然界的能力会越来越强的意识。

二、关键能力的培养

1. **前瞻性的思考与行动能力**：知道水循环是形成各种常见天气现象的原因。
2. **理解与合作的能力**：小组合作查找水循环。

三、方法与手段

1. **专业性的工作方式**：模拟水循环实验。
2. **创设情景的方法**：模拟水循环实验。

四、活动材料

1. **活动材料与工具**：多媒体、烧杯、酒精灯、石棉网等。
2. **活动任务单**：讨论天气现象与水循环的关系、观察天气现象的模拟实验装置、讨论人类如何预测天气。
3. **活动总评价表**："水循环对天气的影响"活动总评价表。

五、活动方案

（一）活动时间：1 课时

（二）活动过程

学生活动	教师指导要点	要求说明
一、讨论天气现象与水循环的关系 思考：我们常见的天气现象有哪些？ 讨论：为什么会形成这些常见的天气现象？ 思考：雨和雪、霜和露有什么区别与相同点？	教师罗列出学生的发言。 引导学生结合上一课水循环的知识来理解天气现象形成的原因，主要解决"云、雨"的成因。	指导学生结合水循环来思考，培养学生前瞻性的思考与行动能力。

（续表）

学生活动	教师指导要点	要求说明
解释：为什么"天上的雨总也下不完"？	提示学生结合上课时设计的过程。 结合活动作业示意图帮助学生理解常见天气现象。	（见活动任务一）
二、观察天气现象的模拟实验装置 设计：模拟天气现象的实验 观察：实验装置 讨论：（1）酒精灯加热模拟了什么？（2）烧杯顶部和杯壁为什么会出现水珠？ 讨论："雨和雪""露和霜"是怎样形成的？ 完成活动作业	结合冰点知识，让学生理解小冰晶和小水珠的区别与联系。 教师介绍凝结现象。 整理和板书资料，便于学生小结。 提示学生从大气层外、高空、低空、地面等几方面思考。	模拟实验对学生更好地理解下雨的现象有很好的帮助。 要让学生了解生活中的很多自然现象是怎样发生的。 （见活动任务二）
三、讨论人类是如何预测天气的 交流：天气预测的几个基本过程。 交流：收集数据有哪些方法？ 思考：你理想中的天气预测是怎么样的？	教师可以介绍一些古代人们预测天气的方法，结合学生的回答，使学生知道科技水平的不断提高使天气预报越来越准确。	使学生了解天气预报的操作过程。 （见活动任务三）

（三）活动任务

任务一：讨论天气现象与水循环的关系

1. 任务目标

知道天气现象与水循环的关系。

2. 任务内容

（1）思考：我们常见的天气现象有哪些？

（2）讨论：为什么会形成这些常见的天气现象？

任务二：观察天气现象的模拟实验装置

1. 任务目标

通过模拟实验知道天气现象的形成原因。

2. 任务内容

（1）设计：模拟天气现象的实验。

（2）讨论："雨和雪""露和霜"是怎样形成的？

任务三：讨论人类是如何预测天气的

1. 任务目标

了解天气预报的制作过程有哪几个步骤。

2. 任务内容

（1）交流：天气预测的几个基本过程。

（2）思考：你理想中的天气预测是怎么样的？

"水循环对天气的影响"活动总评价表

活动满意度（打"√"）	优秀	良好	须努力
知道天气现象与水循环的关系			
知道天气预报的制作过程			
知道如何预测天气			

活动 4　降水

一、活动简介

本活动旨在让学生知道降水有哪几种形式，了解测量降水量的方法等问题。

二、关键能力的培养

1. **全球视野的感知能力**：知道降水和水循环之间的关系。
2. **理解与合作的能力**：小组探究降水的形式。

三、方法与手段

1. **行动指向的方法**：通过了解水循环，知道降水的原因。
2. **应用各种媒体的手段**：降水的视频和 PPT。

四、活动材料

1. **活动材料与工具**：多媒体、海绵、水。
2. **活动任务单**："降水"活动任务单。
3. **活动总评价表**："降水"活动总评价表。

五、活动方案

（一）活动时间：1 课时

（二）活动过程

学生活动	教师指导要点	要求说明
一、模拟大气水汽饱和小实验 　　活动：各小组准备一块海绵，将水慢慢倒向海绵，发现当水倒到一定程度时海绵就容纳不下了，如果再继续倒，水就会从海绵里流出来。结论是海绵吸水有一定限度，达到一定量时就饱和了。 　　设问：这与空气对水汽容纳的道理十分相似。那么空气容纳水汽的数量与气温又有什么关系呢？ 　　交流：气温越高，饱和空气能容纳水汽量越多。 　　总结：饱和空气与气温的关系是成正比的。	教师出示不同气温时空气的最大水汽容量投影片，让学生观察。 引导学生讨论交流。 教师播放"降水的形成"录像片（通过慢放、停放，让学生观察）。 引导学生得出结论，降水的形成必须满足三个条件：（1）空气湿度饱和时，	本活动的教学有一定的难度，学生只需要知道水的三态变化引起水循环变化，从而形成各种形态的降水。

（续表）

学生活动	教师指导要点	要求说明
假设 30℃时的饱和空气温度降至 20℃时，会出现什么情况？这种情况会导致什么现象发生呢？ 提问：微小水滴是怎样才形成降水的？ 交流：微小水滴不断碰撞，体积增大到能够下降到地面，形成雨、雪、雹等降水形式。	气温继续降低；（2）有凝结核；（3）水滴增大到能够下降到地面。	培养学生全球视野的感知能力。 （见活动任务一）
二、展示降水的主要类型图，说出不同降水类型的名称 　1. 对流雨：湿润空气受热膨胀上升，变冷凝结产生的降水叫对流雨。 　2. 地形雨：湿润空气水平运动时，遇到山地，沿山坡"爬升"，温度下降，水汽凝结，在山的迎风坡产生的降水叫地形雨。 　3. 锋面雨：当冷暖空气相遇时，相对较轻的暖空气被"抬升"，遇冷凝结产生的降水叫锋面雨。 　提问：根据降水类型的形成条件，判断家乡主要属于哪种降水类型。 　交流：根据各地实际情况回答。 　当降水到达地面后，又如何知道降水的多少呢？	教师出示降水主要类型图，引导学生了解不同的降水类型。 降水的形式有很多种，让学生了解除了下雨之外，下雪、下冰雹等也是降水的形式。	让学生知道降水的主要类型和形式。 （见活动任务二）

（三）活动任务

任务一：模拟大气水汽饱和小实验

1. 任务目标

　　通过实验知道气温越高，饱和空气能容纳的水汽量越多。

2. 任务内容

　　（1）实验：模拟大气水汽饱和小实验。

　　（2）总结：饱和空气与气温的关系是成正比的。

任务二：不同降水类型的名称

1. 任务目标

　　了解降水有不同的类型。

2. 任务内容

　　（1）能举例说明生活中不同类型的降水。

　　（2）通过分析生活中的例子，了解不同降水类型的名称。

任务三：气变水

1. 任务目标

　　了解"气变水"的条件是什么。

2. 任务内容

　　（1）能举出生活中哪些例子是"气变水"。

　　（2）通过分析生活中的例子，了解"气变水"的条件是什么。

"降水"活动任务单

同学们，请你说说降水有哪几种形式。

"降水"活动总评价表

活动满意度（打"√"）	😀 优秀	😊 良好	😟 须努力
了解降水的原因			
知道降水的形式有多种			

活动 5　露和霜的形成

一、活动简介

使学生知道湿度就是空气中水蒸气的含量；使学生了解露、霜这两种天气现象；使学生学会设计简单的实验，模拟露、霜的形成。

二、关键能力的培养

1. **跨学科的工作能力**：利用语文、自然科学等学科知识认识露和霜的形成。
2. **计划与行动的能力**：通过查找资料，了解露和霜的形成原因。

三、方法与手段

1. **专业性的工作方式**：了解湿度与云、雾、雨等天气情况之间有什么联系。
2. **交流与合作的方法**：小组合作模拟露和霜的形成实验。

四、活动材料

1. **活动材料与工具**：多媒体、冰镇饮料、盐。
2. **活动任务单**："露和霜的形成"活动任务单。
3. **活动总评价表**："露和霜的形成"活动总评价表。

五、活动方案

（一）活动时间：1 课时

（二）活动过程

学生活动	教师指导要点	要求说明
一、了解湿度与其他天气情况的联系 观察：出示一杯冰镇饮料，杯壁外凝结了水滴。 说一说：你知道这些水滴是怎么来的吗？ 回忆：水有哪三种状态？三种状态是怎样转化的？ 讲解：湿度的含义。 说一说：你认为湿度与云、雾、雨等天气情况之间有什么联系？	教师课前不要过早从冰箱中拿出饮料，以免实验现象不明显。 教师应让学生知道湿度与云、雾、雨等天气情况之间的联系比较密切，气象工作者可以通过测量湿度，预测天气情况。 及时表扬积极发言的学生。	了解湿度的含义以及湿度与云、雾、雨等天气之间的联系。 （见活动任务一）
二、研究露和霜的形成 （回忆冰镇饮料实验）思考：自然界中哪些现象与这个类似？（同步出示一些露的图片） 交流：请说一说露形成的原理。 比较：霜和露有哪些异同点？ 设计实验：请设计一个简单的实验，模拟露和霜的形成。	同步出示一些露的图片，增加学生的感性认识。 让学生知道霜和露的形成原理是一样的，主要是温度的差别。 及时表扬和鼓励有创意的实验方案。	露和霜是常见的两种天气现象。学生对日常生活中出现的自然现象不是很注意，可以引导他们探究身边的科学，培养学生计划与行动的能力。 （见活动任务二）

（三）活动任务

任务一：了解湿度与其他天气情况的联系

1. 任务目标

了解湿度与云、雾、雨等天气情况之间的联系。

2. 任务内容

（1）观察：出示一杯冰镇饮料，杯壁外凝结了水滴。

（2）了解湿度的含义。

任务二：研究露和霜的形成

1. 任务目标

通过模拟实验了解露和霜的形成。

2. 任务内容

（1）交流：请说一说露形成的原理。

（2）请设计一个简单的实验，模拟露和霜的形成。

"露和霜的形成"活动任务单

同学们，请你简单举出生活中能说明露和霜的形成的例子。

"露和霜的形成"活动总评价表

活动满意度（打"√"）	 优秀	良好	须努力
了解湿度与其他天气情况的联系			
研究露和霜的形成			

单元主题活动案例

主题四：干净的水和肮脏的水

　　"干净的水和肮脏的水"这一主题旨在让学生知道什么样的水是干净的水；利用实验检测各种水样中所含有的各种杂质；让学生了解生活生产中人们是怎样把水弄脏的；通过实验知道我们喝的水的水质应该是怎样的；调查学生在家庭和学校所喝的水有哪些种类。

01 活动目录

活动 1　什么水最干净？
活动 2　测试水中的杂质
活动 3　水是怎样弄脏的？
活动 4　我们喝什么水？
活动 5　饮用水的调查

02 活动空间

　　在未来工作坊（扩展活动）中，学生将主题知识与未来的愿景和行动计划相融合，通过不同的行动改善问题。落实行动，整合各类资源，以行动为导向实现所学知识和所培养能力的迁移与可持续运用。

03 活动资源

校内合作

各学科的专业师资：语文、数学、自然科学、音乐、体育等学科教师。

学校管理层：水奥运主题活动、水分子健康操。

校外合作

社区水性质探究。

活动 2　测试水中的杂质

一、活动简介

通过本活动教学，让学生知道沉淀、过滤、消毒是水净化的常用方法，初步了解自来水的净化处理过程以及蒸馏水和纯净水的用途。

二、关键能力的培养

1. **计划与行动的能力**：收集不同地方的水样。
2. **理解与合作的能力**：通过小组合作检测并了解水中含有的各种杂质。

三、方法与手段

1. **专业性的工作方式**：知道沉淀、过滤、消毒是水净化的常用方法。
2. **交流与合作的方法**：交流合作完成水质测试实验。

四、活动材料

1. **活动材料与工具**：烧杯、漏斗、过滤纸、小米水质检测笔等。
2. **活动任务单**：各种水样的水质检测登记表。
3. **活动总评价表**："测试水中的杂质"活动总评价表。

五、活动方案

（一）活动时间：1 课时

（二）活动过程

学生活动	教师指导要点	要求说明
1. 学生汇报（水里有泥沙、木屑、细菌等）。 2. 讲解：怎样除去水中的这些杂质？要除去水中比水重的杂质，有一个简单的方法，即把水放在容器中静置一会儿，一部分	通过提问，引导学生了解自然界的水是怎样被污染的，污染的水是怎样危害人体健康的。让学生明确自然水域的水必须经过处理，除去部分或全部的杂质后才能饮用。	通过讲解事例告知学生自然界的水大多受到了污染，含有较多的杂质。

（续表）

学生活动	教师指导要点	要求说明
杂质就会沉到水底——这种方法叫沉淀。为了加快沉淀，还可在水中加入明矾，明矾经过溶解后能把水中一些较小的颗粒粘在一起加快沉淀。我国农村部分没有用上自来水的地区，就是在水中加入明矾沉淀，使水变得干净些。 　　用小米水质检测笔测试两种水样，比较可溶解性固体的含量是多少。	教师通过讲解，让学生知道去除水中杂质的方法。 教师巡视学生实验。指导学生用小米水质测试笔测试各种水样中的可溶性固体的含量。	指导学生用正确的方式使用小米水质检测笔测试各种水样中的可溶性杂质，培养学生理解与合作的能力。（见活动任务）

水质检测实验

（三）活动任务

1. 任务目标

通过小米水质检测笔测试水中的可溶性杂质。

2. 任务内容

（1）知道什么叫可溶性固体。

（2）学会用小米水质检测笔检测水质。

各种水样的水质检测登记表

水样名称	检测数据（固体可溶性杂质）
自来水	
纯净水	
矿泉水	
雨水	
河水	
池塘水	
鱼缸水	
直饮水	

"测试水中的杂质"活动总评价表

活动满意度（打"√"）	优秀	良好	须努力
会熟练使用小米水质检测笔			
能检测各种水样的杂质			

活动 5　饮用水的调查

明确"饮水情况调查活动"的目的和意义，制定调查方案，采用多种途径收集信息，确保活动的有效性。

1. **全球视野的感知能力**：知道人体每天所需的水量是多少，了解水对人体的重要意义。

2. **理解与合作的能力**：小组合作制定调查方案。

三、方法与手段

1. **行动指向的方法**：制定调查方案，采用多种途径收集信息。
2. **面向社会开放的方法**：进行饮用水调查。

四、活动材料

1. **活动材料与工具**：多媒体、调查表。
2. **活动任务单**：居民饮用水安全调查表。
3. **活动总评价表**："饮用水的调查"活动总评价表。

五、活动方案

（一）活动时间：1 课时

（二）活动过程

学生活动	教师指导要点	要求说明
一、课前准备 　课前搜集调查资料，可以网上搜索，查阅书刊，询问家长等，还要对调查结果做好记录。	教师请学生在课前准备好水对人体的重要性以及家庭饮用水调查情况等资料，方便课上交流。	请学生在课前做好家庭饮用水的调查。知道人体每天所需的水量是多少，了解水对人体的重要意义。培养学生全球视野的感知能力。（见活动任务一）
二、学生交流反馈 　哪个小组想把你们组的收获介绍给全班同学？（指名小组代表回答）并追问：你们是怎么想的？你们组其他同学有补充吗？其他组还有不同的收获吗？谁还有补充？（学生充分发表意见） 　交流：你的饮水习惯合理吗？还需怎样改进？	教师结合饮用水调查情况，分析应该如何健康饮水，引导学生改掉不良饮水习惯，科学饮水。	引导学生改掉不良饮水习惯，建立科学的饮水习惯。
三、计划与行动 　制定周边居民饮用水情况调查表，通过采访社区居民或上门询问邻居等方式完成调查表。	组织学生小组合作完成调查表的设计制作并开展调查活动。	小组合作开展周边居民饮用水情况调查。培养学生理解与合作的能力。（见活动任务二）

饮用水

（三）活动任务

任务一：了解水对人体的作用

1. 任务目标

　了解水对人体的重要性。

2. 任务内容

　（1）查找资料了解饮水的重要性。

　（2）课前做好家庭饮用水的调查，在课堂上进行分析。

任务二：饮用水调查

1. 任务目标

　了解周边居民的饮用水情况。

2. 任务内容

　（1）设计制作饮用水调查表。

　（2）对周边居民进行调查研究。

居民饮用水安全调查表

请在您所选答案的相应□内打"√"				
1. 您对目前水污染现状了解吗？	了解　□	不了解　□		
2. 您对目前生活用水的水质满意吗？	满意　□	不满意　□		
3. 您日常饮用的是什么水？	白开水　□	纯净水　□	蒸馏水□	矿泉水　□
4. 您用过什么样的水机或水质净化器？	频谱水机□	电解水机□	净化器□	能量水机□
5. 您对以上水机的优缺点了解吗？	了解　□	不了解　□		
6. 您现在有什么样的疾病？	高血压　□	高血脂　□	高血糖□	骨关节病□
7. 您认为您目前的疾病与饮水有关系吗？	有　　□	没有　　□		
8. 您觉得喝什么样的水才是好水？	无毒、无异味的水□　　小分子团水　　　□	含矿物质及微量元素的水□　　弱碱性的水　　　　　　□		

"饮用水的调查"活动总评价表

活动满意度（打"√"）	优秀	良好	须努力
家庭饮用水调查			
了解水对人体的重要性			
调查周边居民的饮用水情况			

[单元主题活动案例]

主题五：我们怎样节约用水

本单元主题内容旨在让学生了解学校生态园雨水回收系统的工作原理，让学生了解学校里的废水可以如何利用。让学生通过调查自己家庭的饮水、冲马桶水、洗澡水和其他用水情况，调查学校在饮用水、厕所用水、食堂和绿化用水等方面的情况，知道节约用水的重要意义，提倡大家开展节水活动。

01 活动目录

活动 1　生态园雨水收集
活动 2　学校里的废水利用
活动 3　家庭用水的情况
活动 4　学校用水的调查
活动 5　节约用水的意义

02 活动空间

在未来工作坊（扩展活动）中，学生将主题知识与未来的愿景和行动计划相融合，通过不同的行动改善问题。落实行动，整合各类资源，以行动为导向实现所学知识和所培养能力的迁移与可持续运用。

03 活动资源

校内合作

各学科的专业师资：语文、数学、自然科学、音乐、体育等学科教师。

学校管理层：水奥运主题活动、水分子健康操。

校外合作

社区水性质探究。

活动 3　家庭用水的情况

一、活动简介

目前全国已有许多城市被列为缺水城市，并开始实行限量用水。然而，如何做才能节约水呢？能节约多少水？可以减少家庭多少水费的支出？让学生通过自己的调查，了解家庭用水的情况，并对采取节水措施前后用水量变化的现象进行分析，利用已有的学科知识进行统计和相关计算。通过讨论找出解决问题的方法。最后，制定出一套合适的家庭节水方案。

二、关键能力的培养

1. **反思生活方式的能力**：如何做才能节约水呢？能节约多少水？
2. **理解与合作的能力**：小组利用已有的学科知识进行统计和相关计算。

三、方法与手段

1. **行动指向的方法**：通过自己的调查和查看水表，了解家中用水的情况。
2. **面向社会开放的方法**：学生调查自己家庭的用水情况。

四、活动材料

1. **活动材料与工具**：电脑、投影仪。
2. **活动任务单**：家庭用水调查表。
3. **活动总评价表**："家庭用水的情况"活动总评价表。

五、活动方案

（一）活动时间：1 课时

（二）活动过程

学生活动	教师指导要点	要求说明
一、提出问题，引导关注 你家几口人？一个月用多少吨水？交多少水费？ 为什么每个家庭月用水量不一样？ 你家每天用水做些什么？	提前布置：向家人了解家庭用水情况。 引导学生根据课前调查，讨论自己家里的用水情况。	课前让学生花一周的时间了解自己家里的用水情况。 （见活动任务一）
二、展开探究，自主学习 1. 设计研究方案。 （1）收集、整理需要研究的问题。 （2）共同制定研究问题的方案。 ① 通过讨论拟定小组方案。 ② 设计调查表格。 2. 实施调查项目，整理调查结果。 （1）用一周时间，观察自己家里有哪些活动或者事项需要用水。 （2）记录整理：将观察到的家中的用水事项进行汇总。 （3）实践。 3. 对自己测量的数据进行整理，在此基础上计算出每个家庭的平均用水量。 制定家庭节水方案：根据实际情况，和家人一起制定一套适合的家庭节水方案。	引导学生以小组为单位设计研究方案，制订行动计划。 组织学生分工，安排合理的方法实施行动计划。 针对学生不同的家庭情况，布置与家人一起制订家庭节水计划的课后作业。	通过调查家庭用水问题引起学生的学习兴趣，积极探索家庭节水的方法，培养学生反思生活方式的能力。 （见活动任务二）

（三）活动任务

任务一：了解自家用水情况

1. 任务目标

　　通过询问，知道自己家的用水情况。

2. 任务内容

　　（1）提前布置：向家人了解家庭用水情况。

　　（2）通过分析，知道自己家的用水主要在哪些方面。

任务二：设计制作家庭用水调查表

1. 任务目标

　　制作出家庭用水调查表。

2. 任务内容

　　（1）设计研究方案。

　　（2）实施调查项目，整理调查结果。

　　（3）将自己测量的数据进行整理，在此基础上计算出每个家庭的平均用水量。

家庭用水调查表

班级_____　　姓名_____

家庭人数	
每月平均自来水用水数量（单位：吨）	
每月平均水费（单位：元）	
饮用水类型（自来水、桶装水等）	
家庭用水主要的方面	

"家庭用水的情况"活动总评价表

活动满意度（打"√"）	优秀	良好	须努力
能制作出家庭用水调查表			
通过调查，能知道家庭用水情况			
能制定合理的家庭节水方案			

活动 5　节约用水的意义

一、活动简介

了解水与人们生活的关系，知道自来水的生产过程，懂得水资源的宝贵。通过交流、思考、小调查等活动，充分体验水的珍贵和来之不易，初步养成节约用水的意识。

二、关键能力的培养

1. **全球视野的感知能力**：了解水与人们生活的关系，知道自来水的生产过程，懂得水资源的宝贵。
2. **理解与合作的能力**：通过交流、思考、小调查等活动，充分体验水的珍贵和来之不易。

三、方法与手段

1. **行动指向的方法**：通过交流、思考、小调查等活动，充分体验水的珍贵和来之不易。
2. **应用各种媒体的手段**：搜集、观看节约用水的公益广告。

四、活动材料

1. **活动材料与工具**：多媒体。
2. **活动任务单**：节约用水调查问卷。
3. **活动总评价表**："节约用水的意义"活动总评价表。

五、活动方案

（一）活动时间：1 课时

（二）活动过程

学生活动	教师指导要点	要求说明
一、引入：水对生活的重要性 生活中处处可以见到水，你今天什么时候用过水？ 看来，我们日常生活中处处需要用到水。除了家里和学校生活中用到了水，还有哪些地方需要用到水？	引导学生交流生活、生产中的用水情况，让学生知道我们的生活处处离不开水。	通过交流讨论，让学生知道水对我们生活的重要性。培养学生全球视野的感知能力。 （见活动任务一）
二、指导行为实践，学会节约用水 1. 我们的生活离不开水，而我们可以利用的水资源是少之又少，而且水又来得这样不容易，我们的确要节约用水。 2. 在生活中有哪些节约用水的小窍门和好办法？分组交流，全班交流。 3. 生活中，是不是人人都做到了节约用水呢？下面我们一起来看这样几组画面。（课件出示浪费水的现象）	通过 PPT 播放浪费水的画面，引导学生交流生活中的节水小方法和小窍门。	通过网络资源让学生了解严重缺水地区的一些案例，激发他们节水的情感。通过调查学习一些节水的小窍门。

（续表）

学生活动	教师指导要点	要求说明
4. 讨论：他做到了节约用水吗？哪些地方做得不好？帮他指出来。假如你就在他身边，会对他说些什么？请你用这节课学到的知识来劝劝他。	创设情景，师生演练。	培养学生理解与合作的能力。（见活动任务二）
三、引导小结 　通过这节课的学习，你明白了什么？有哪些收获？看谁说得多，学生之间进行交流。	教师引导学生得出结论：节约用水，从我做起。	总结提升，交流分享。

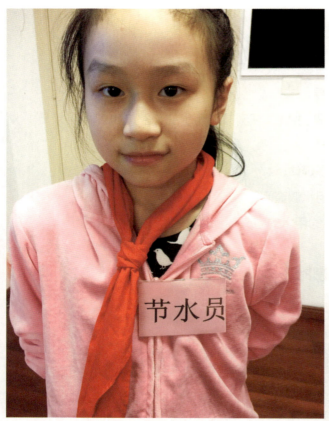

班级节水员

文明饮水执勤员

（三）活动任务

任务一：生活需要水

1. 任务目标

知道水对人类生活的重要性。

2. 任务内容

能举例说明生活中哪些地方用到水、离不开水。

任务二：指导行为实践，学会节约用水

1. 任务目标

知道水的珍贵，不能浪费水，应该节约用水。

2. 任务内容

（1）讨论生活中的节水小窍门。

（2）通过分析生活中的例子，激发学生节水的情感。

节约用水调查问卷

1. 你认为节约用水是否有必要？

（1）有必要（　　） （2）没必要（　　） （3）一般（　　） （4）没关心过（　　）

2. 你怎样看待用洗完菜的水浇花、冲厕所这种行为？

（1）赞同，自己也常常这样做（　　） （2）赞同，但自己很少这样做（　　）
（3）不赞同，自己也没这样做（　　）

3. 你在搓肥皂时是否关闭水龙头？

（1）关（　　） （2）不关（　　）

4. 你如何看待每月节约一吨水的做法？

（1）很有用，必要的（　　） （2）用处不大，没必要（　　） （3）即使我节约了，别人也会浪费（　　）

5. 你认为水污染现象是由下列哪些原因造成的？（多选）

（1）人们的环保意识差（　　） （2）政府对环境问题重视程度不够（　　）
（3）人们的守法意识差（　　） （4）企业只注重自身发展而忽视环保（　　）
（5）人口膨胀（　　） （6）消费速度增长（　　） （7）经济发展速度过快（　　）

6. 你通过什么渠道获得有关水资源保护和节约的信息？（多选）

（1）电视（　　） （2）政府部门的宣传工作（　　） （3）报刊（　　）
（4）亲友同事（　　） （5）单位的普及教育（　　）

7. 你在学校有节水的习惯吗？

（1）在校园中我十分注意节水（　　） （2）看到提示的标语，我会想起节水（　　）
（3）校园中我没发现可行的节水办法（　　） （4）没有想过要节水（　　）

（续表）

8. 你认为你的节水意识强吗？
（1）相当强（　　） （2）一般（　　） （3）没有思考过这个问题（　　）
9. 对于"节约用水"这句话，你如何理解？
（1）只是一种口号（　　） （2）一种可有可无的生活习惯（　　） （3）每个人都应尽的义务（　　）
10. 填完这份问卷后，你以后会注意节约用水吗？
（1）不会（　　） （2）会（　　） （3）不一定（　　）

"节约用水的意义"活动总评价表

活动满意度（打"√"）	优秀	良好	须努力
知道水对人类的重要性			
知道节约用水的意义			

单元主题活动案例

主题六：我们怎样保护水资源

本单元主题是让学生通过查找资料，知道我国工业废水的排放情况及其对环境的污染。通过观察，知道生活污水的排放情况。让学生知道怎样减少生活污水和工业废水排放。请学生发起对全校、全社区、全社会的倡议，节约用水，保护水资源。各班开展"保护水资源"主题班会，呼吁全班保护水资源。

01 活动目录

活动1　工业废水和生活污水的排放
活动2　怎样减少这些现象的发生？
活动3　倡议书，我们怎么做
活动4　"保护水资源"主题班会

02 活动空间

在未来工作坊（扩展活动）中，学生将主题知识与未来的愿景和行动计划相融合，通过不同的行动改善问题。落实行动，整合各类资源，以行动为导向实现所学知识和所培养能力的迁移与可持续运用。

03 活动资源

校内合作

各学科的专业师资：语文、数学、自然科学、音乐、体育等学科教师。

学校管理层：水奥运主题活动、水分子健康操。

校外合作

社区水性质探究。

活动1　工业废水和生活污水的排放

一、活动简介

本活动旨在让学生了解水污染主要是人类的活动造成的，知道污水需要经过复杂的处理才能使用，并尝试做污水净化实验。通过活动增强学生保护水资源的意识和责任感。

二、关键能力的培养

1. **前瞻性的思考与行动能力**：知道水污染主要是人类的活动造成的。
2. **理解与合作的能力**：小组合作调查社区周边工业废水和生活污水的排放情况。

三、方法与手段

1. **专业性的工作方式**：污水排放情况调查。
2. **创设情景的方法**：孩子们去社区调查污水排放。

四、活动材料

1. **活动材料与工具**：多媒体。
2. **活动任务单**：工业废水和生活污水排放调查表。
3. **活动总评价表**："工业废水和生活污水的排放"活动总评价表。

五、活动方案

（一）活动时间：2课时

（二）活动过程

学生活动	教师指导要点	要求说明
一、认识污染源 1. 出示各种水污染的图片，学生观看，认识各种污染源。 2. 学生观察，反馈。 3. 集体交流。	教师设疑，让学生从出示的图片中找到问题。	通过观察，发现什么是污染源。 （见活动任务一）

（续表）

学生活动	教师指导要点	要求说明
二、了解水中有哪些污染物 1. 请看这个表格，为什么污水和自来水有这么大的区别？ 学生认识水中含有洗涤剂等杂质。 2. 如果把这些污水大量地排放到自然水域，会怎么样？ 那我们就把这些污水叫作水的污染源，它所含有的杂质叫作污染物。 3. 学生小组活动，比较污水和自来水的区别，教师巡视。 4. 汇报：人类活动。 学生认识水污染主要是人类活动造成的。 5. 补充：除了人类活动之外，还有自然的原因，比如动物的尸体、泥石流等。	引导学生交流污水和净水的差异，以及其中所含有杂质的种类。 组织学生讨论，什么是污染源。 组织学生讨论水污染的原因，了解人类生活污水和工业废水的排放情况。	引导学生认识：污染物会溶解在水里，随水体流向远方，如果进入饮用水源则会危害人类的健康，所以人类在饮用水源处设置了一些专门的标志。
三、人类活动造成了污染 1. 设疑：水的污染源有很多，无论哪种原因，水被污染会造成什么后果呢？ 2. 出示各类水污染后果的图片和资料。 3. 提问：从这三个水污染事件中，大家有什么发现？	出示水污染带来的后果的图片资料，引导学生了解水污染的严重后果。	引导学生了解是人类的活动造成了大自然的水资源被污染，反思如何才能停止污染行为，培养学生前瞻性的思考与行动能力。 （见活动任务二）

废水处理科幻画

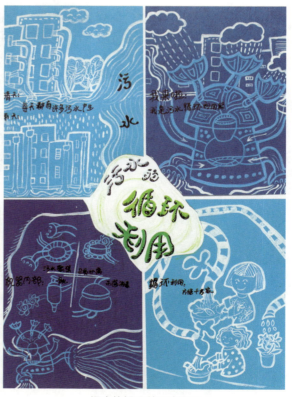

污水的循环利用科幻画

小区水循环科幻画

（三）活动任务

任务一：认识污染源

1．任务目标

知道什么是污染源，什么是污染物。

2．任务内容

（1）观察图片，认识污染源。

（2）通过分析，知道污水就叫作水的污染源，它所含有的杂质叫作污染物。

任务二：认识水污染主要是人类活动造成的

1．任务目标

认识水污染主要是人类活动造成的。

2．任务内容

（1）了解人类的活动造成了大自然的水资源被污染。

（2）知道怎样才能停止这种污染行为。

工业废水和生活污水排放调查表

调查地点	工业废水	生活污水

"工业废水和生活污水的排放"活动总评价表

活动满意度（打"√"）	优秀	良好	须努力
知道污染源			
能了解工业废水和生活污水是人类活动造成的			

活动 3　倡议书，我们怎么做

一、活动简介

　　本活动旨在让学生自己找到节约用水的方法，不管是在家里还是在学校或者公共场所，保护水资源，节约用水。撰写倡议书。

二、关键能力的培养

1. **前瞻性的思考与行动能力**：让学生不管是在家里还是在学校或者公共场所，都能保护水资源，节约用水。
2. **理解与合作的能力**：学生小组合作找到节约用水的方法。

三、方法与手段

1. **行动指向的方法**：撰写倡议书。
2. **面向社会开放的方法**：向社区居民提出节水倡议。

四、活动材料

1. **活动材料与工具**：多媒体。
2. **活动任务单**：节约用水倡议书。
3. **活动总评价表**："倡议书，我们怎么做"活动总评价表。

五、活动方案

（一）活动时间：1 课时

（二）活动过程

学生活动	教师指导要点	要求说明
学生一起说说生活中水的重要意义。水是生命之源，是人类赖以生存和发展的最重要的物质基础和环境要素，水资源是经济社会发展的基础性自然资源和战略性经济资源。 　　节约用水，不仅仅是一句口号，作为新时代的小学生，我们应该从爱惜一点一滴水做起。 　　学生写倡议书，向全校师生、社区、社会发出节约用水的倡议。	通过事例让学生了解水的重要性。 指导学生作为新时代的小学生，应该怎么做。 组织学生把倡议书贴在学校、社区等公共场所，向全社会发出倡议。	本活动让学生在写倡议书的同时能进入社区向社区居民发出节约用水的倡议，为社会公益作出自己的一份贡献，培养学生前瞻性的思考与行动能力。 （见活动任务）

（三）活动任务

任务：设计节约用水倡议书

1. 任务目标

　　用倡议书的方式向社区居民发出节约用水的倡议，为社会公益作出自己的一份贡献。

2. 任务内容

（1）设计节约用水倡议书。

（2）向社区居民发出节约用水的倡议。

节约用水倡议书

"倡议书，我们怎么做"活动总评价表

活动满意度（打"√"）	优秀	良好	须努力
能独立完成节约用水倡议书			
能向学校同学和社区居民宣传节约用水			

第二篇

让垃圾变资源

孩子们每天都会遇到各种各样的垃圾，其实大多数垃圾都是潜在的资源。如何能让它们成为孩子生活中培养创新精神与实践能力的结构化载体呢？本课程将引导学生对身边直观的垃圾开展多样的探究活动，进而真正理解垃圾是被我们放错地方的资源。同时还将引导学生学习如何对生活垃圾进行分类、如何管理自己身边的资源、思考废弃物的再利用等，促使学生逐步养成爱护环境、乐于节约资源的良好生活习惯。

01 主题内容

"让垃圾变资源"分为六个单元主题，分别是"垃圾分类探究者""包装重生小创客""书包管理小能人""果皮妙用小达人""蚯蚓探秘小专家"和"淘汰手机研发者"。每个单元主题下有多个活动，都围绕"让垃圾变资源"这个主题，将知识探究、实践创造、多学科融合等多种学习形式结合起来，帮助学生提高保护环境的意识与社会责任感。

02 总体目标

以身边多样的垃圾为探究对象，充分认识到城市垃圾数量巨大，对人类环境和健康造成不良影响，并能以开放的视野关注垃圾这一话题。通过践行垃圾分类、制作变废为宝作品、管理自己的学业资源、探究另类功能垃圾、以蚯蚓堆肥法减量厨余垃圾、开发淘汰手机的多种功能等，发挥每个学生的智慧，使其尽可能合理地管理身边的垃圾。让学生能够关注、反思自身的生活方式与行为，养成自我管理资源的好习惯；让学生在合作中，学会取长补短，分工合作，配合默契；让学生深刻感悟垃圾是放错地方的资源，崇尚垃圾减量化的生活方式。

03 课标要求

《小学科学课程标准》

2.4.2.3.1　了解人类的生活和生产需要从自然界获取资源，同时也会产生废弃物，其中有些垃圾可以回收利用；珍爱生命，保护身边的动植物，意识到保护环境的重要性。

2.4.2.3.2　了解人类的生活和生产可能造成对环境的破坏，具有参与环境保护活动的意识，愿意采取行动保护环境、节约资源。

2.4.2.3.3　认识到人类、动植物、环境的相互影响和相互依存关系，了解地球上的资源是有限的，人类活动会对环境产生正面和负面的影响,自觉采取行动,保护环境。

《中小学综合实践活动课程指导纲要》

2.2.1.2　责任担当:围绕日常生活开展服务活动,能处理生活中的基本事务,初步养成自理能力、自立精神和热爱生活的态度,具有积极参与学校和社区生活的意愿。

2.2.1.3　问题解决:能在教师的引导下,结合学校和家庭生活中的现象,发现并提出自己感兴趣的问题;能将问题转化为研究小课题,体验课题研究的过程与方法;能提出自己的想法,形成对问题的初步解释。

2.2.1.4　创意物化:通过动手操作实践,初步掌握手工设计与制作的基本技能;学会运用信息技术,设计并制作有一定创意的数字作品;运用常见、简单的信息技术解决实际问题,服务于学习和生活。

04 评价方式

形成性评价、终结性评价和表现性评价。

[课程设计]

后续的单元主题活动案例为本篇课程设计内容的节选,具有一定的代表性,较全面地诠释了环境教育活动课程设计的思路以及"主题内容"与"单元主题"和每一个"活动"之间的逻辑关联,同时也体现了每个活动学习过程的具体设计,可供参考。

课程名称	**让垃圾变资源**				
	关键词:垃圾分类　变废为宝　减量化　再利用　再循环　自我管理　反思生活方式				
学　段	小学三年级	课时量:30 课时(35 分钟/课时)			
		时　间:一学年			
活动内容					

单元主题	活　动	课时数	关键能力	方法与手段	
一、垃圾分类探究者	活动 1　产生垃圾真不少	1	全球视野的感知能力 前瞻性的思考与行动能力	专业性的工作方式 应用各种媒体的手段 创造性的方法	统计阅读 观看视频 创意绘制
	活动 2　放错地方多可惜	1	理解与合作的能力 计划与行动的能力	面向社会开放的方法 反思的方法	实地调查 交流反思

（续表）

单元主题	活动		课时数	关键能力	方法与手段	
	活动 3	塑料家族学问大	1	全球视野的感知能力 跨学科的工作能力	交流与合作的方法 应用各种媒体的手段	表演展示 角色扮演
	活动 4	白色污染须减量	1	反思生活方式的能力 前瞻性的思考与行动能力	专业性的工作方式 反思的方法 行动指向的方法	观察阅读 交流反思
	活动 5	垃圾分类有标准	1	跨学科的工作能力 反思生活方式的能力 公正与团结的能力	创设情景的方法 专业性的工作方式 行动指向的方法	模拟游戏 分析收集 制定策略
	活动 6	低碳生活神投手	1	激励自己和他人的能力 计划与行动的能力	创设情景的方法 交流与合作的方法	角色扮演 交流展示
二、包装重生小创客	活动 1	纸盒组装乐收纳	1	计划与行动的能力 反思生活方式的能力	行动指向的方法 创造性的方法 反思的方法	创意设计 交流反思
	活动 2	纸塑翻转充电托	2	前瞻性的思考与行动能力 跨学科的工作能力 理解与合作的能力	创设情景的方法 专业性的工作方式 交流与合作的方法	情境表演 制作交流 作品展示
	活动 3	罐装花盆风铃美	2	公正与团结的能力 激励自己和他人的能力 全球视野的感知能力	应用各种媒体的手段 反思的方法 面向社会开放的方法	视频观摩 创意制作 作品展示
三、书包管理小能人	活动 1	学业垃圾面面观	1	前瞻性的思考与行动能力 全球视野的感知能力 理解与合作的能力	应用各种媒体的手段 创设情景的方法 创造性的方法	观看视频 角色扮演 设计制作
	活动 2	管理文具齐动脑	1	理解与合作的能力 计划与行动的能力	专业性的工作方式 创造性的方法 行动指向的方法	设计清单 创意绘制 制定策略
	活动 3	妙思节约金点子	1	前瞻性的思考与行动能力 激励自己和他人的能力 公正与团结的能力	创造性的方法 反思的方法 交流与合作的方法	创意设计 交流反思
	活动 4	建立绿色交换日	1	跨学科的工作能力 计划与行动的能力 反思生活方式的能力	创造性的方法 面向社会开放的方法	规划方案 实地调查
四、果皮妙用小达人	活动 1	果皮垃圾小调查	1	理解与合作的能力 跨学科的工作能力 前瞻性的思考与行动能力	交流与合作的方法 专业性的工作方式 反思的方法	查找记录 尝试操作 交流反思
	活动 2	兴趣相投建团队	1	公正与团结的能力 计划与行动的能力	行动指向的方法 创造性的方法 专业性的工作方式	设计方案 实践操作
	活动 3	多种妙用勤实践	2	理解与合作的能力 激励自己和他人的能力 反思生活方式的能力	交流与合作的方法 应用各种媒体的手段 反思的方法	操作展示 交流展示 交流反思
	活动 4	小报展示成达人	1	公正与团结的能力 前瞻性的思考与行动能力 全球视野的感知能力	创设情景的方法 面向社会开放的方法	展示交流 实地调查

（续表）

单元主题	活动		课时数	关键能力	方法与手段	
五、蚯蚓探秘小专家	活动1	小小蚯蚓清道夫	1	跨学科的工作能力 理解与合作的能力 前瞻性的思考与行动能力	专业性的工作方式 交流与合作的方法 反思的方法	查找记录 观察交流 交流反思
	活动2	多样品种探究忙	1	跨学科的工作能力 理解与合作的能力 计划与行动的能力	创设情景的方法 交流与合作的方法 专业性的工作方式	查找记录 设计方案 实验探究
	活动3	饲养种植双赢家	2	激励自己和他人的能力 公正与团结的能力 反思生活方式的能力	应用各种媒体的手段 创造性的方法 面向社会开放的方法	饲养种植 展示交流
	活动4	蚯蚓箱子进社区	1	前瞻性的思考与行动能力 计划与行动的能力 全球视野的感知能力	行动指向的方法 面向社会开放的方法 反思的方法	实地调查 交流反思
六、淘汰手机研发者	活动1	电子垃圾知多少	1	前瞻性的思考与行动能力 全球视野的感知能力 理解与合作的能力	专业性的工作方式 应用各种媒体的手段 创造性的方法	阅读表达 观看视频 创意绘制
	活动2	手机更新换代忙	1	全球视野的感知能力 跨学科的工作能力 反思生活方式的能力	专业性的工作方式 交流与合作的方法 反思的方法	阅读了解 设计规划 反思交流
	活动3	淘汰手机有何用	1	计划与行动的能力 激励自己和他人的能力 前瞻性的思考与行动能力	创设情景的方法 创造性的方法 行动指向的方法	情境表演 规划方案 实践探索
	活动4	功能开发显活力	2	反思生活方式的能力 计划与行动的能力 公正与团结的能力	应用各种媒体的手段 面向社会开放的方法 行动指向的方法	视频观摩 调查汇总

单元主题活动案例

主题一：垃圾分类探究者

"垃圾分类探究者"这一主题旨在引导学生关注身边的垃圾，关注垃圾分类现状，了解垃圾分类的重要意义，能带动家人提高对生活垃圾分类投放的能力。

身边的垃圾多吗？这些垃圾真的一点用都没有吗？

含有塑料的垃圾与其他垃圾有区别吗？你知道限塑令吗？

垃圾分类有什么作用？你知道如何将生活垃圾分类吗？你们家的垃圾分类投放了吗？

01　活动目录

02　活动空间

在未来工作坊（拓展活动）中，学生将主题活动（怎样解决住宅小区生活垃圾的减量与分类投放）与未来的愿景、行动计划相融合，通过前瞻性的思考与行动改善城市生活垃圾问题。

例如，将住宅小区的生活垃圾问题或校园的垃圾问题规划出三个阶段的推进模式（现在、将来与未来）。学生任意挑选模式，可采用建造模型进行讲解、科幻画呈现、撰写剧本等形式加以阐述。

03　活动资源

校内合作

各学科的专业师资：自然、探究、信息、品德与社会等学科教师。

学校管理层：校园环境委员会。

主题活动："今天，你垃圾分类了吗？"主题科技周。

校外合作

学校的"家长课堂"邀请有相关知识背景的家长讲师到学校给学生上课，介绍一些专业的生活垃圾分类知识，帮助学生更好地了解单元主题内容。

校外场馆：上海科技馆。

活动 1　产生垃圾真不少

一、活动简介

通过学生的课前调查，展示"我们家一个双休日产生的垃圾量"，学习关注垃圾这一话题；通过阅读相关资料，认识到城市垃圾对人类环境和健康造成巨大的不良影响，能以开放的视野关注垃圾；通过绘制我国常见的垃圾处理方法优缺点的思维导图，认识垃圾处理的多种方法，思考可持续的未来垃圾应该怎样处理。

二、关键能力的培养

1. **全球视野的感知能力**：通过探究生活周围的垃圾情况乃至上海城市垃圾的现状，认识到城市垃圾数量巨大，对人类环境和健康造成巨大的不良影响，能以更加开放的视野关注垃圾的话题。

2. **前瞻性的思考与行动能力**：通过充分认识城市垃圾数量巨大与处理的不易及其对人类健康造成的不良后果，能有思考可持续的未来垃圾应该怎样处理的意识与设想。

三、方法与手段

1. **专业性的工作方式**：调查统计——"我们家一个双休日产生的垃圾量"；阅读案例——城市垃圾数量巨大。

2. **应用各种媒体的手段**：视频资料——旅游胜地垃圾难以清理。

3. **创造性的方法**：创意绘制——常见生活垃圾的处理方法及其优缺点。

四、活动材料

1. **活动材料与工具**：阅读资料"城市垃圾数量巨大""常见的垃圾处理方法"；视频资料"旅游胜地垃圾难以清理"。

2. **活动任务单**：调查家里一个双休日产生的垃圾量、绘制常见的垃圾处理方法及其优缺点的思维导图。

3. **活动总评价表**："绘制常见的垃圾处理方法及其优缺点的思维导图"活动评价表。

五、活动方案

（一）活动时间：1 课时

（二）活动过程

学生活动	教师指导要点	要求说明
一、导入 学生展示：家里一个双休日所产生的垃圾。	课前请学生以照片和文字的形式调查记录垃圾情况。	引导学生关注身边的垃圾。
二、展开 （一）产生垃圾真不少 1. 统计：垃圾量的多少。 2. 阅读资料：城市垃圾数量巨大。 3. 观看视频：旅游胜地垃圾难以清理。 （二）垃圾是否有价值 1. 上网查找：什么是垃圾。 2. 辨别：生活中的垃圾是否没有价值。	运用统计、阅读等多种专业性的工作方式感知垃圾数量的巨大。 应用多种媒体的手段，给学生更感性的认识。 出示活动主题：产生垃圾真不少。 垃圾——没有价值的物体，泛指不需要或没有用处的物质。 鼓励学生交流、反思不同的观点。	引导学生培养全球视野的感知能力。

（续表）

学生活动	教师指导要点	要求说明
3. 小结：生活中的"垃圾"并不都是垃圾。 （三）常见生活垃圾的处理方法 1. 阅读资料：常见生活垃圾的处理方法。 2. 分组创意绘制思维导图：常见生活垃圾的处理方法及其优缺点。 3. 分组评价：思维导图。	过渡：生活中的垃圾到哪里去了？ 运用思维导图的创造性方法进行资料的整理。可提供案例，启发学生绘制思维导图。绘制前出示活动评价表，促进学生绘制的过程与结果。	引导学生对垃圾的再认识：它们是放错地方的资源。 （见活动任务）
三、总结 汇总：今天你的新收获。	总结本活动所学、所感及今后的行为。	帮助学生以开放的视野关注身边的垃圾。
四、拓展 课后分组策划方案：可持续的垃圾处理应该怎样。	总结：垃圾处理是城市建设与管理的重大课题，每个人都应当建言献策，展示智慧与才华。	引导学生培养前瞻性的思考与行动能力。

（三）活动任务

任务：绘制常见的垃圾处理方法及其优缺点的思维导图

"绘制常见的垃圾处理方法及其优缺点的思维导图"活动记录单

组号：＿＿＿　成员：＿＿＿＿、＿＿＿＿、＿＿＿＿、＿＿＿＿、＿＿＿＿

常见的垃圾处理方法及其优缺点（思维导图）

"绘制常见的垃圾处理方法及其优缺点的思维导图"活动评价表

组号:_____ 成员:_____、_____、_____、_____、_____

(依据评价量规进行自评,能得几颗"★"就在评价结果中画几颗"★")

评价内容		评价量规				评价结果
		★	★★	★★★	★★★★	
活动成果(导图呈现)	① 导图有 1~2 条	做到第一点	做到第二点	做到第三点	做到第四点	
	② 导图有 3~4 条					
	③ 导图有 5~6 条					
	④ 导图有 6 条以上					
活动习惯(合作)	① 提议人员只有 1 人	做到第一点	做到第二点	做到第三点	做到第四点	
	② 提议人员有 2 人					
	③ 提议人员有 3 人					
	④ 提议人员有 3 人以上					
活动兴趣(探究)	① 补充人员只有 1 人	做到第一点	做到第二点	做到第三点	做到第四点	
	② 补充人员有 2 人					
	③ 补充人员有 3 人					
	④ 补充人员有 3 人以上					

活动 5 垃圾分类有标准

一、活动简介

生活垃圾与每个人都息息相关。虽然倡导尽可能少产生垃圾,但当产生了生活垃圾后,我们要学会正确地分类投放。对于不同类别的垃圾,本活动主要通过模拟游戏、分类、分析收集等,加深学生对垃圾分类的认识与理解,为践行垃圾分类奠定扎实的知识储备。同时也希望学生能收集其他国家有关垃圾处理的案例与方法。

二、关键能力的培养

1. **跨学科的工作能力:**通过阅读《上海市生活垃圾管理条例》,能学习、理解专业性较强的跨学科的知识体系。

2. **反思生活方式的能力:**思考垃圾分类与否的区别,向养成垃圾分类习惯的榜样学习。

3. **公正与团结的能力:**通过共同制定垃圾分类处理的策略,小组成员能积极地提出策略与补充意见,尽可能使策略合理化。

三、方法与手段

1. **创设情景的方法**：模拟游戏——它们属于哪一类垃圾。
2. **专业性的工作方式**：分析收集——各类生活垃圾的主要品种。
3. **行动指向的方法**：制定策略——垃圾分类小妙招。

四、活动材料

1. **活动材料与工具**：《上海市生活垃圾分类知识读本》;《垃圾分类有标准》PPT 文件。
2. **活动任务单**：制定垃圾分类处理的策略。
3. **活动总评价表**："制定垃圾分类管理策略"活动评价表。

五、活动方案

（一）活动时间：1 课时

（二）活动过程

学生活动	教师指导要点	要求说明
一、导入 1. 讨论：是否能对生活垃圾进行正确的分类？是否遇到过分类有疑惑的生活垃圾？ 2. 模拟游戏：它们属于哪一类垃圾？	学生在交流时，也许并不深入。教师需要创设情景，在情景游戏中，引发学生的思考。 出示活动主题：垃圾分类有标准。	发现疑惑，激发学生学习垃圾分类知识的兴趣。
二、展开 （一）交流、汇总生活垃圾分类的信息 1. 分组交流： （1）分类：生活垃圾分几类、是哪几类。 （2）分析收集：各类生活垃圾的主要品种。 2. 大组汇总：生活垃圾的类别与品种。 3. 小结：上海市的生活垃圾分为四类，分别是可回收物、干垃圾、湿垃圾和有害垃圾。 各类生活垃圾的主要品种（略）。 （二）思考如何践行垃圾分类 1. 区别：垃圾分类与不分类之间的不同点。 2. 交流：垃圾不分类的"便捷"与不足；垃圾分类的"麻烦"与优点。 3. 判断：是否要践行垃圾分类。 4. 分组制定策略：垃圾分类小妙招。 5. 交流：垃圾分类小妙招。 6. 改进：垃圾分类小妙招。	可要求学生课前阅读《上海市生活垃圾分类知识读本》。以专业性的工作方式，了解生活垃圾的种类及其品种。能根据学生的汇总将主要的知识内容呈现在黑板上。 在交流中，充分讨论出垃圾分类的"麻烦"，为后续制定与改进垃圾分类管理作铺垫。 运用行动指向的方法，制定垃圾分类管理的策略。	引导学生培养跨学科的工作能力。 引导学生培养反思生活方式的能力。 引导学生培养公正与团结的能力。 （见活动任务）
三、总结 汇总：今天你的新收获。	总结本活动所学、所感及今后的行为。	帮助学生养成坚持正确垃圾分类的习惯。
四、拓展 1. 收集：其他国家有关垃圾处理的好方法。 2. 思考：未来垃圾处理的"金点子"。	思考未来垃圾处理的"金点子"。（可按"未来"的远近分为创意性与可行性较大的和创意性更大的）	抛出任务，引导有浓厚兴趣的学生对垃圾分类的深度思考。激发学生课外探究的兴趣。

垃圾分类实践活动

（三）活动任务

> 任务：制定垃圾分类管理策略

"制定垃圾分类管理策略"活动记录单

组号：＿＿＿　成员：＿＿＿＿、＿＿＿＿、＿＿＿＿、＿＿＿＿、＿＿＿＿

（请把你们想到的有关垃圾分类管理的策略记录在下表中）

序号	具体策略	提议人员姓名	补充人员姓名
1			
2			
3			
4			
5			
6			
7			
8			

"制定垃圾分类管理策略"活动评价表

组号：＿＿＿ 成员：＿＿＿＿＿、＿＿＿＿、＿＿＿＿、＿＿＿＿、＿＿＿＿

（依据评价量规进行自评，能得几颗"★"就在评价结果中画几颗"★"）

评价内容		评价量规				评价结果
		★	★★	★★★	★★★★	
活动成果（策略呈现）	① 记录策略 1~2 条	做到第一点	做到第二点	做到第三点	做到第四点	
	② 记录策略 3~4 条					
	③ 记录策略 5~6 条					
	④ 记录策略 6 条以上					
活动习惯（合作）	① 策略提议人员只有 1 人	做到第一点	做到第二点	做到第三点	做到第四点	
	② 策略提议人员有 2 人					
	③ 策略提议人员有 3 人					
	④ 策略提议人员有 3 人以上					
活动兴趣（探究）	① 策略补充人员只有 1 人	做到第一点	做到第二点	做到第三点	做到第四点	
	② 策略补充人员有 2 人					
	③ 策略补充人员有 3 人					
	④ 策略补充人员有 3 人以上					

［单元主题活动案例］

主题二：包装重生小创客

"包装重生小创客"这一主题旨在探究外包装材料的再创造与再利用。

生活中的各种纸盒、塑料盒只能成为垃圾吗？

易拉罐、饮料瓶还有更大的用途吗？

你会成为创意达人吗？

01 活动目录

活动 1 　纸盒组装乐收纳

活动 2 　纸塑翻转充电托

活动 3 　罐装花盆风铃美

02 活动空间

在创意工作坊中，有根据要求设置的干净的材料收集区域，有学生作品展示区域，每一种作品都有一份制作的清单，包括材料的数量、制作的步骤（视频）等。工作坊面向全校学生开放，喜欢的学生可以领取材料进行制作，制作完成后上交一份作品的照片。

03 活动资源

校内合作

各学科的专业师资：自然学科教师、信息科学教师、美术教师等。

学校管理层、物业人员：对变废为宝未来工作坊的指导和管理。

校外合作

社区管理人员等。

净水装置"显神威"

绿萝挂饰

不同容器的绿萝挂饰

活动 2　纸塑翻转充电托

一、活动简介

通过拍摄视频，呈现问题情境，学会关注身边的问题；通过解读个案，搭建思维的阶梯，感受举一反三的思维方式；通过反思评价作品，创作具有个性的作品；通过收集作品，开阔视野，提升整体创作水平。

二、关键能力的培养

1. **前瞻性的思考与行动能力**：通过发现现实状况中的困境——手机充电悬挂在电源插座上不安全或摆放在地面不卫生，能思考解决此问题的设想与行为；通过举办作品展示，鼓励学生课后继续开动脑筋，能制作出更多的变废为宝的创意作品。

2. **跨学科的工作能力**：通过设计制作与改进手机充电托作品，能将在自然、劳动技术、美术等学科中所学的知识、方法和能力融合起来。

3. **理解与合作的能力**：通过两人共同制作手机充电托与互动评价，能在合作中学会相互取长补短、分工合作、默契配合，能理解、欣赏他人的作品。

三、方法与手段

1. **创设情景的方法**：情境表演——手机悬挂充电。

2. **专业性的工作方式**：观察比较——两种材质的特点；制作交流——手机充电托作品。

3. **交流与合作的方法**：作品展示——互动评价。

四、活动材料

1. **活动材料与工具**：洗发水的塑料盒、椰奶纸盒；剪刀、锥子、双面胶、圆珠笔、铅画纸等。

2. **活动任务单**："制作纸质手机充电托"活动记录单。

3. **活动总评价表**："制作纸质手机充电托"活动评价表。

五、活动方案

（一）活动时间：2 课时

（二）活动过程

学生活动	教师指导要点	要求说明
第 1 课时		
一、导入 情境表演：手机悬挂充电。	运用创设情景的方法引发学生发现现实生活中的问题。鼓励学生从多角度提出问题。	引导学生培养前瞻性的思考与行动能力。
二、展开 （一）材料具有不同的特点 　1. 交流：发现的问题或叙述碰到类似问题的事件。 　2. 观看：手机充电托的个案图片（布料）或物品（塑料）。 　3. 讨论：选择怎样的材料便于加工。 　4. 观察：纸质手机充电托。 　5. 比较：两种材质的手机充电托的特点（纸质与塑料）。 　6. 小结：不同材质的物品具有不同的特点，可根据实际情况进行选择制作。	提供个案的制作材料是布料和塑料，再次引发学生发现问题。 出示活动主题：纸塑翻转充电托。 关注物品的结构与功能：放入手机口、插入电源口、手机连接线口。 创新点：纸质作品还可压扁，便于携带。 根据学生的回答，运用专业性的工作方式，观察比较两种材料的特点，出示相应的板贴。（材料的特点）	帮助学生认识结构与功能之间的联系。

（续表）

学生活动	教师指导要点	要求说明
（二）制作纸质手机充电托 1. 讨论：制作纸质手机充电托的步骤。 2. 制作：纸质手机充电托（有个性）。 3. 交流：制作中遇到的问题。	设计更适合自己使用的作品，并付之于行动。 关注物品的结构与功能：放入手机口、插入电源口、手机连接线口。 鼓励遇到困难的学生，运用交流与合作的方法，解决并战胜困难。方法总比困难多。	引导学生培养跨学科的工作能力。 引导学生培养理解与合作的能力。 （见活动任务）
三、总结 汇总：今天你的新收获。	总结本活动所学、所感及今后的行为。	引导学生乐于参与变废为宝的活动。
第 2 课时		
一、导入 交流：纸质手机充电托的半成品。	引导学生交流。	衔接两节课的内容。
二、展开 （一）改进纸质手机充电托 1. 改进：纸质手机充电托。 2. 自评：完成评价单。 3. 交流：交流评价单。 （二）互评手机充电托作品 1. 评选：制作精良的作品。 2. 评选：有个性的作品。 3. 评选：有新创意的作品。	表扬作品有较大改进的学生。 在改进与评价中，要求学生能运用交流与合作的方法不断地改进作品并进行实事求是的评价。	引导学生培养跨学科的工作能力。 引导学生培养理解与合作的能力。
三、总结 汇总：今天你的新收获。	总结本活动所学、所感及今后的行为。	引导学生乐于参与变废为宝的活动。
四、拓展 举办：作品展示。	鼓励学生课后继续开动脑筋，制作更多变废为宝的创意作品。	引导学生培养前瞻性的思考与行动能力。

手机充电托的课堂教学

不同材质的手机充电托

手机充电托示意图

（三）活动任务

任务：制作纸质手机充电托

"制作纸质手机充电托"活动记录单

成员：_____、_____

（请将两人的分工情况记录在下表中）

具体内容	完成人员

"制作纸质手机充电托"活动评价表

成员：_____、_____

（依据评价量规进行自评，能得几颗"★"就在评价结果中画几颗"★"）

评价内容		评价量规				评价结果
		★	★★	★★★	★★★★	
活动成果（作品完成性）	① 有主要的结构	做到第一点	做到第二点	做到第三点	做到第四点	
	② 制作精良					
	③ 有个性					
	④ 有创意					

（续表）

评价内容		评价量规				评价结果
		★	★★	★★★	★★★★	
活动习惯（合作）	① 制作时较安静	做到第一点	做到第二点	做到第二、三点	做到第二、三、四点	
	② 制作时安静且有序					
	③ 制作时分工合理					
	④ 制作时互相鼓励					

[单元主题活动案例]

主题三：书包管理小能人

"书包管理小能人"这一主题旨在促使学生对自己的资源进行合理的管理，以达到减量化。

你仔细观察过教室里的垃圾桶吗？

你对自己的学习用品进行过自主管理吗？

对自己不需要的学习用品你是怎样处理的？

关于学习用品你有哪些奇思妙想？

01 活动目录

活动 1　学业垃圾面面观

活动 2　管理文具齐动脑

活动 3　妙思节约金点子

活动 4　建立绿色交换日

02 活动空间

在未来工作坊中，有学生不需要的学习用品（使用过、干净、安全、敲有特定的标记），有学生需要的学习用品清单；面向全校学生开放，有需要的学生可以领取，使用一定时间，获得一枚绿色小龙人积分章。

03 活动资源

校内合作

各学科的专业师资：自然学科教师、信息科学教师、美术教师等。

学校管理层、物业人员："绿色交换日"项目活动的指导和管理。

校外合作

家长、社区管理人员等。

活动 1 学业垃圾面面观

一、活动简介

本活动旨在让学生对校园中的学业垃圾有总体认识，促使学生能够从现实问题出发，思考问题产生的根源，能从根源入手想办法解决问题；能够设计多种解决问题的方案，并乐于尝试解决问题；通过对学业垃圾的再利用、减量化等，明白学业垃圾是可以减少的；在合作调查和制作图表的过程中，表现出乐于行动的热情，即使遇到困难，也能保持参与活动的积极性。

二、关键能力的培养

1. **前瞻性的思考与行动能力**：通过感知在学习生活中有许多使用过的教科书、教学辅导书、课外读物、报刊、文具、练习簿等都可能成为垃圾，引发学生思考如何减少学业垃圾的排放量。

2. **全球视野的感知能力**：通过角色扮演与课后完成学业垃圾的调查，能切身感受学业垃圾在家庭和校园中的状况，能逐步具有身体力行减少学业垃圾的意识与行为。

3. **理解与合作的能力**：通过设计制作学业垃圾调查表，能在合作中相互启发、分工合作，设计出合理可用的调查表。

三、方法与手段

1. **应用各种媒体的手段**：观看视频——教室里成堆的学业垃圾。

2. **创设情景的方法**：角色扮演——《我是被你丢弃的图书》。

3. **创造性的方法**：设计制作——学业垃圾调查表。

四、活动材料

1. **活动材料与工具**：小品剧本——《我是被你丢弃的图书》。

2. **活动任务单**："设计学业垃圾调查表"活动记录单。

3. **活动评价表**："设计学业垃圾调查表"活动评价表。

五、活动方案

（一）活动时间：1 课时

（二）活动过程

学生活动	教师指导要点	要求说明
一、导入 1. 观看视频：教室里成堆的学业垃圾。 2. 交流：这些都是什么物品。 3. 讨论：哪种材料数量最多。	应用媒体手段，引导学生发现现实生活中的问题。 出示活动主题：学业垃圾面面观。	引导学生培养前瞻性的思考与行动能力。
二、展开 （一）观看小品 1. 角色扮演：《我是被你丢弃的图书》。 2. 讨论：书籍、薄本、报纸是用何种材料制成的。 3. 小结：节约用纸就等于保护森林资源。 （二）设计学业垃圾调查表 1. 讨论：如何进行学业垃圾的调查。 2. 分组讨论：调查计划。 3. 设计制作：学业垃圾调查表。 （三）减量学业垃圾 1. 讨论：如何减量学业垃圾。 2. 小结：按需购买，爱惜使用，转赠他人，分类回收……	运用创设情景的方法，引导学生从图书的视角，感知善待资源。 造纸的原料大多来自木材。节约一张纸，保护一片绿。 珍惜学习用品，就能保护更多的资源。 讨论调查分工、调查时间、如何开展调查等。 运用创造性的方法，要求学生设计调查表，包括表头、内容等的设计。	引导学生培养全球视野的感知能力。 引导学生培养理解与合作的能力。 （见活动任务）
三、总结 汇总：今天你的新收获。	总结本活动所学、所感及今后的行为。	帮助学生树立学业垃圾在自己的努力下是可以减少的意识。
四、拓展 课后完成学业垃圾的调查。	鼓励学生课后分享调查的情况。	引导学生培养全球视野的感知能力。

学生考察校园垃圾状况

（三）活动任务

任务：设计学业垃圾调查表

"设计学业垃圾调查表"活动记录单

组号：＿＿ 成员：＿＿＿＿、＿＿＿＿＿、＿＿＿＿＿、＿＿＿＿＿、＿＿＿＿＿

学业垃圾调查表					
序号	日期	垃圾名称	垃圾量	可否回收	备注
建议：					

"设计学业垃圾调查表"活动评价表

组号：＿＿ 成员：＿＿＿＿、＿＿＿＿＿、＿＿＿＿＿、＿＿＿＿＿、＿＿＿＿＿

（依据评价量规进行自评，能得几颗"★"就在评价结果中画几颗"★"）

评价内容		评价量规				评价结果
		★	★★	★★★	★★★★	
活动成果（调查表呈现）	① 栏目有 2 条	做到第一点	做到第二点	做到第三点	做到第四点	
	② 栏目有 3 条					
	③ 栏目有 4 条					
	④ 栏目有 4 条以上					
活动习惯（合作）	① 提议人员只有 1 人	做到第一点	做到第二点	做到第三点	做到第四点	
	② 提议人员有 2 人					
	③ 提议人员有 3 人					
	④ 提议人员有 3 人以上					
活动兴趣（探究）	① 补充人员只有 1 人	做到第一点	做到第二点	做到第三点	做到第四点	
	② 补充人员有 2 人					
	③ 补充人员有 3 人					
	④ 补充人员有 3 人以上					

活动 2　管理文具齐动脑

一、活动简介

本活动旨在使学生从交流中发现文具浪费的现状，认识到文具浪费情况的严重，萌发呼吁大家不要浪费文具资源的想法。通过给文具列清单或绘制文具思维导图等方式唤起大家的共鸣；通过制定管理好文具的金点子，促进学生思考减少文具浪费的方法，并养成自我管理资源的好习惯。

二、关键能力的培养

1. **理解与合作的能力**：通过讨论交流与制定管理文具"金点子"策略，能在合作中相互启发与理解，学会接受、赞同他人的策略。
2. **计划与行动的能力**：通过课后实践管理文具的"金点子"，能根据自身的情况，确定可持续的、可实现的爱惜文具的策略，并尽可能使计划变为行动。

三、方法与手段

1. **专业性的工作方法**：设计清单——"我的文具"。
2. **创造性的方法**：创意绘制——"我的文具"思维导图。
3. **行动指向的方法**：制定策略——管理文具"金点子"。

四、活动材料

1. **活动材料与工具**：学生的铅笔盒或笔袋。
2. **活动任务单**：列清单或绘制思维导图——我的文具、"管理好文具的'金点子'"活动记录单。
3. **活动总评价表**："管理好文具的'金点子'"活动评价表。

五、活动方案

（一）活动时间：1 课时

（二）活动过程

学生活动	教师指导要点	要求说明
一、导入 展示：多名学生的铅笔盒、笔袋等的照片或实物；家长给孩子购买文具的清单照片。	文具是我们身边的资源。	引导学生关注身边的文具。
二、展开 （一）哪里还能看到文具 1. 寻找：教室里是否有遗留的文具。 2. 展示：教室里遗留下的文具照片。	出示活动主题：管理文具齐动脑。 过渡：对自己现有的文具是否清楚。	引导学生培养理解与合作的能力。

（续表）

学生活动	教师指导要点	要求说明
3. 小结：文具浪费现象很严重。 （二）我的文具 1. 设计清单："我的文具"清单。 2. 创意绘制："我的文具"思维导图。 3. 展示：清单与思维导图。 （三）管理文具"金点子" 1. 讨论交流：管理文具的"金点子"。 2. 阅读：管理文具的"金点子"评价单。 3. 制定策略：管理文具"金点子"。 4. 记录交流：管理文具"金点子"的评价单。	设计清单或绘制思维导图可让学生自由选择。运用专业性的工作方式或创造性的方法，设计清单或创意绘制思维导图。 运用行动指向的方法，制定管理文具的策略。	（见活动任务）
三、总结 汇总：今天你的新收获。	总结本活动所学、所感及今后的行为。	帮助学生养成管理文具的习惯。
四、拓展 课后尝试实践管理文具的"金点子"。	鼓励学生课后用多种形式分享管理文具"金点子"的实施情况。	引导学生培养计划与行动的能力。

（三）活动任务

任务：管理好文具的"金点子"

"管理好文具的'金点子'"活动记录单

组号：____　成员：_____、_____、_____、_____、_____

（请把你们想到的有关管理好文具的"金点子"记录在下表中）

序号	具体策略	提议人员姓名	补充人员姓名
1			
2			
3			
4			
5			
6			
7			
8			

"管理好文具的'金点子'"活动评价表

组号：＿＿＿　成员：＿＿＿＿、＿＿＿＿、＿＿＿＿、＿＿＿＿、＿＿＿＿

（依据评价量规进行自评，能得几颗"★"就在评价结果中画几颗"★"）

评价内容		评价量规				评价结果
		★	★★	★★★	★★★★	
活动成果（策略呈现）	① 记录策略 1~2 条	做到第一点	做到第二点	做到第三点	做到第四点	
	② 记录策略 3~4 条					
	③ 记录策略 5~6 条					
	④ 记录策略 6 条以上					
活动习惯（合作）	① 策略提议人员只有 1 人	做到第一点	做到第二点	做到第三点	做到第四点	
	② 策略提议人员有 2 人					
	③ 策略提议人员有 3 人					
	④ 策略提议人员有 3 人以上					
活动兴趣（探究）	① 策略补充人员只有 1 人	做到第一点	做到第二点	做到第三点	做到第四点	
	② 策略补充人员有 2 人					
	③ 策略补充人员有 3 人					
	④ 策略补充人员有 3 人以上					

[单元主题活动案例]

主题四：果皮妙用小达人

"果皮妙用小达人"这一主题旨在探究生活中的垃圾变换功能后的再利用。

你对果皮进行过实践探究吗？

你能制作一份小报向大家展示你的探究成果吗？

通过调查你还知道哪些类似果皮妙用的垃圾？

01 活动目录

活动 1　果皮垃圾小调查

活动 2　兴趣相投建团队

活动 3　多种妙用勤实践

活动 4　小报展示成达人

02 活动空间

在未来工作坊中有多种果皮垃圾的展示墙，分为两个区域，即知识小报展示区域和果皮妙用情况展示区域，通过两个区域的展示促使全校学生积极参与和推进此项目。

03 活动资源

校内合作

各学科的专业师资：自然学科教师、信息科学教师、美术教师等。

学校管理层、物业人员：果皮垃圾展示墙以及项目活动的指导和管理。

校外合作

家长、社区管理人员等。

活动 1　果皮垃圾小调查

一、活动简介

本活动旨在使学生通过观看实物和讨论，展示问题情景，学会关注这类果皮垃圾；通过交流"果皮垃圾的再利用"，反思生活中的垃圾并不都是真正的垃圾；通过查找资料，了解果皮垃圾，并在课后探究更多具有一定功能的果皮垃圾的信息。

二、关键能力的培养

1. **理解与合作的能力**：通过阅读香蕉皮妙用的方法、操作尝试香蕉皮妙用等，能在合作中提高查询、记录与配合操作的能力。
2. **跨学科的工作能力**：通过操作尝试香蕉皮妙用的活动，能将自然学科所学的知识、方法和能力联系起来，提高动手实践的能力。
3. **前瞻性的思考与行动能力**：通过课后探究更多具有一定功能的果皮，能充分认识到这类垃圾是可再利用的，提高资源再利用和节约资源的意识与行为。

三、方法与手段

1. **交流与合作的方法**：阅读记录——香蕉皮妙用的方法；操作尝试——香蕉皮的妙用。
2. **专业性的工作方式**：操作尝试——香蕉皮的妙用。
3. **反思的方法**：交流反思——尝试香蕉皮妙用后的感想。

四、活动材料

1. **活动材料与工具**：阅读资料——香蕉皮的妙用。
2. **活动任务单**："记录香蕉皮的多种妙用"活动记录单。
3. **活动总评价表**："记录香蕉皮的多种妙用"活动评价表。

五、活动方案

（一）活动时间：1 课时

（二）活动过程

学生活动		教师指导要点	要求说明
一、导入 1. 观看实物：香蕉皮、橘子皮、苹果皮等果皮。 2. 讨论：果皮垃圾除了堆肥用，是否还有其他方式再利用。		出示活动主题：果皮垃圾小调查。	引导学生关注身边的果皮垃圾。
二、展开 （一）果皮垃圾的再利用 1. 交流：果皮垃圾的再利用。 2. 小结：果皮垃圾也是可以再利用的资源。 （二）认识香蕉皮的妙用 1. 查找资料：香蕉皮的妙用。 2. 整理记录：香蕉皮妙用的方法。 3. 尝试操作：香蕉皮的妙用。 4. 交流反思：操作香蕉皮妙用后的感想。 5. 小结：香蕉皮确实有一些可行的妙用方法。		运用交流与合作的方法，查找、记录与实践香蕉皮妙用。 运用专业性的工作方式，尝试实践香蕉皮的妙用。 运用反思的方法，交流反思实践香蕉皮妙用后的感想。	引导学生培养理解与合作的能力和跨学科的工作能力。 （见活动任务）
三、总结 汇总：今天你的新收获。 反思：以后类似的垃圾你会怎么处理？		总结本活动所学、所感及今后的行为。	帮助学生认识果皮垃圾有其独特的利用价值。
四、拓展 课后探究更多具有一定功能的果皮。		鼓励学生课后寻找与自己有相同探究兴趣的同学。	引导学生培养前瞻性的思考与行动能力。

（三）活动任务

任务：记录香蕉皮的多种妙用

"记录香蕉皮的多种妙用"活动记录单（两人合作）

组号：＿＿＿　成员：＿＿＿＿＿、＿＿＿＿＿

（请把香蕉皮的多种妙用记录在下表中）

序号	香蕉皮的妙用
1	
2	
3	
4	

（续表）

序号	香蕉皮的妙用
5	
6	
7	
8	

"记录香蕉皮的多种妙用"活动评价表

组号:＿＿＿ 成员:＿＿＿＿、＿＿＿＿、＿＿＿＿、＿＿＿＿

（依据评价量规进行自评，能得几颗"★"就在评价结果中画几颗"★"）

评价内容		评价量规				评价结果
		★	★★	★★★	★★★★	
活动成果（妙用呈现）	① 记录妙用 1~2 条	做到第一点	做到第二点	做到第三点	做到第四点	
	② 记录妙用 3~4 条					
	③ 记录妙用 5~6 条					
	④ 记录妙用 7 条以上					
活动习惯（合作）	① 查找资料人员只有 1 人	做到第一点	做到前二点	做到第二、三点	做到后二点	
	② 整理资料人员只有 1 人					
	③ 查找资料人员有 2 人以上					
	④ 整理资料人员有 2 人以上					
活动兴趣（探究）	① 查找的资料只有 1 份	做到第一点	做到第二点	做到第三点	做到第四点	
	② 查找的资料有 2 份					
	③ 查找的资料有 3 份					
	④ 查找的资料有 3 份以上					

活动 3　多种妙用勤实践

一、活动简介

　　本活动旨在使学生通过观察搜集资料的一览表，能感受到资料收集的重要性、多样性以及团结力量的强大；通过观看果皮垃圾妙用的活动展示，能勾选出果皮垃圾神奇的本领，能写出自己的问题、想法或感想，评选出最佳的展示团队；通过分组展示个性垃圾妙用的活动，各组能分工合作、表达清晰，能有展示材料、证据支持；通过课后汇总问题、想法或感想，激发对个性垃圾妙用的持续探究。

二、关键能力的培养

1. **理解与合作的能力**：通过讨论交流如何收集资料与收集资料的重要性，能够理解合作增效的意义，提高收集、处理果皮垃圾妙用相关信息的能力。

2. **激励自己和他人的能力**：通过展示操作多种果皮垃圾的妙用，能与他人一起相互鼓励、计划并落实展示活动，即使在过程中出现失误或困难也能保持乐观的态度。

3. **反思生活方式的能力**：通过课后继续寻找发现更多此类垃圾，能够反省自我的生活方式，崇尚垃圾减量化的生活方式。

三、方法与手段

1. **交流与合作的方法**：操作展示——多种果皮垃圾的妙用。

2. **应用各种媒体的手段**：交流展示——利用 PPT 或实物边讲解边演示。

3. **反思的方法**：交流反思——多种果皮垃圾妙用后的感想。

四、活动材料

1. **活动材料与工具**：多种果皮及实验器材。

2. **活动任务单**："小组展示个性垃圾妙用"活动记录单。

3. **活动总评价表**："多种妙用勤实践"活动总评价表。

五、活动方案

（一）活动时间：2 课时

（二）活动过程

学生活动	教师指导要点	要求说明
第 1 课时（4 个小组交流汇报）		
一、导入 观察：资料收集一览表。	出示活动主题：多种妙用勤实践。	感知丰富的资料，激发学生对此类垃圾的兴趣。
二、展开 （一）收集资料很重要 1. 讨论交流：如何收集资料与收集资料的重要性。 2. 小结：资料收集很重要。资料收集要多样；资料收集可共享…… （二）展示分享 1. 明确任务：以小组为单位，将小组实践进行展示。 2. 阅读理解：记录单与评价单。	提出设问： 收集资料时选择一人操作还是大家一起？资料对我们的探究有帮助吗？如果没有这些资料，可能会怎么样？	引导学生培养理解与合作的能力。

（续表）

学生活动	教师指导要点	要求说明
3. 操作交流：利用 PPT 或实物边讲解边演示多种果皮垃圾的妙用。（4 个小组） 4. 记录评价：记录单和评价单。 5. 交流反思：多种果皮垃圾妙用后的感想。 6. 小结：通过践行，发现此类垃圾确实能发挥它的价值。	运用交流与合作的方法与应用各种媒体的手段，操作交流多种果皮垃圾的妙用。	引导学生培养激励自己和他人的能力。 （见活动任务）
三、总结 汇总：今天你的新收获。	总结本活动所学、所感及今后的行为。	帮助学生树立"人尽其才，物尽其用"的观点。
四、拓展 课后发现更多此类垃圾。	鼓励学生课后能发现更多此类垃圾并进行探究与分享。	引导学生培养反思生活方式的能力。

第 2 课时（另外 4 个小组交流汇报）

多种妙用勤实践的课堂教学

（三）活动任务

任务：小组展示个性垃圾妙用

"小组展示个性垃圾妙用"活动记录单

组号	个性垃圾	妙用	组号	个性垃圾	妙用
1	香蕉皮	（　）擦拭植物叶片 （　）防治冻疮、手足皲裂	4	土豆皮	（　）治疗轻度烧伤 （　）去锈斑

（续表）

组号	个性垃圾	妙用	组号	个性垃圾	妙用
1	香蕉皮	（　）皮制物品的清洁剂	4	土豆皮	（　）清洁镜子
		（　）擦除墨迹			（　）去除茶壶中的茶垢
2	橙子皮	（　）去除冰箱异味	8	过期牛奶	（　）去除衣服上的墨迹
		（　）可以去污			（　）做酸奶面膜
		（　）巧防晕车			（　）浇花
		（　）制作糖橘丝			（　）擦拭皮具

"多种妙用勤实践"活动总评价表

评价内容 ＼ 组号	1	2	3	4	
能分工合作					
表达清晰响亮					
有展示材料					
有证据支持					
排序结果	（　　）＞（　　）＞（　　）＞（　　）				

单元主题活动案例

主题五：蚯蚓探秘小专家

"蚯蚓探秘小专家"这一主题旨在探究生活中的厨余垃圾利用生物特有功能实现再循环。

你认识蚯蚓吗？你知道它对环境的贡献吗？

是不是所有蚯蚓都适合家庭饲养？

你用蚯蚓粪种过植物吗？

你会用蚯蚓来减少家里的厨余垃圾吗？

01 活动目录

02 活动空间

在未来工作坊中有蚯蚓养殖园，其中有学习本课程学生关注的蚯蚓养殖箱，也有学校其他学生认领的蚯蚓养殖箱，可根据学生的认养时间、认养情况以及能否带动更多学生认养，奖励绿色小龙人积分，以此促使全校学生积极参与和推进此项目。

03 活动资源

校内合作

各学科的专业师资：自然学科教师、信息科学教师、美术教师等。

学校管理层、物业人员：蚯蚓养殖园的指导和管理。

校外合作

家长、社区管理人员等。

活动 1　小小蚯蚓清道夫

一、活动简介

本活动旨在使学生通过猜谜语引发探究蚯蚓的兴趣；通过观察、交流对蚯蚓有初步的认识；通过查找资料和整理记录，对蚯蚓的形态与习性有更进一步的认识，了解蚯蚓在自然界中的作用，提高查找资料和分析资料的能力。

二、关键能力的培养

1. **跨学科的工作能力**：通过观察蚯蚓和交流对蚯蚓的认识，能将自然学科所学的知识、方法和能力联系起来，提高表达交流的能力，培养乐于观察的科学态度。
2. **理解与合作的能力**：通过查找资料，整理记录蚯蚓的形态与习性，能在合作中发挥各自的特长，提高查询、处理与记录信息的能力。
3. **前瞻性的思考与行动能力**：通过交流反思蚯蚓的习性，课后搜集有关蚯蚓对"湿垃圾"处理的信息，能够从现实状况中出发，构思可以实现湿垃圾减量化的设想。

三、方法与手段

1. **专业性的工作方式**：观察交流——对蚯蚓的认识。
2. **交流与合作的方法**：查找资料、整理记录——蚯蚓的形态与习性。
3. **反思的方法**：交流反思——蚯蚓的习性与垃圾处理。

四、活动材料

1. **活动材料与工具**：蚯蚓实物；阅读资料——蚯蚓的生活。
2. **活动任务单**："记录蚯蚓的形态与习性"活动记录单。
3. **活动总评价表**："记录蚯蚓的形态与习性"活动评价表。

五、活动方案

（一）活动时间：1 课时

（二）活动过程

学生活动	教师指导要点	要求说明
一、导入 猜谜语：细细长长一条龙，天天躲在沃土中，没手没脚会劳动，它是庄稼好朋友。	为每组准备蚯蚓实物。	引发学生对探究蚯蚓的兴趣。
二、展开 （一）走近蚯蚓 1. 观察：蚯蚓。 2. 交流：对蚯蚓的认识。 （二）认识蚯蚓的形态与习性 1. 查找资料：蚯蚓的形态与习性。 2. 整理记录：蚯蚓的形态与习性。 3. 交流反思：蚯蚓的习性与垃圾处理。 4. 小结：蚯蚓在自然界中的作用。	运用专业性的工作方式，观察并交流对蚯蚓的认识。 运用交流与合作的方法，查找、记录蚯蚓的形态与习性。 运用反思的方法，交流反思蚯蚓的习性与垃圾处理。 生物学家达尔文曾说：蚯蚓是地球上最有价值的动物！ 出示活动主题：小小蚯蚓清道夫。	引导学生培养跨学科的工作能力。 引导学生培养理解与合作的能力。 引导学生培养前瞻性的思考与行动能力。 （见活动任务）
三、总结 汇总：今天你的新收获。	总结本活动所学、所感及今后的行为。	帮助学生思考蚯蚓对"湿垃圾"的处理是否大有可为。
四、拓展 课后搜集有关蚯蚓对"湿垃圾"处理的信息。	鼓励学生课后能将收集的信息和设想与大家分享。	引导学生培养前瞻性的思考与行动能力。

教师引导学生思考

（三）活动任务

任务：记录蚯蚓的形态与习性

"记录蚯蚓的形态与习性"活动记录单

组号：＿＿ 成员：＿＿＿、＿＿＿、＿＿＿、＿＿＿、＿＿＿

序号	蚯蚓的形态
1	
2	
3	
4	
5	
6	

序号	蚯蚓的习性
1	
2	
3	
4	
5	
6	

"记录蚯蚓的形态与习性"活动评价表

组号：＿＿ 成员：＿＿＿、＿＿＿、＿＿＿、＿＿＿

（依据评价量规进行自评，能得几颗"★"就在评价结果中画几颗"★"）

评价内容		评价量规				评价结果
		★	★★	★★★	★★★★	
活动成果（信息呈现）	① 记录形态 1~2 条	做到第一点	做到第一、二点	做到第三点	做到第三、四点	
	② 记录习性 1~2 条					
	③ 记录形态 3~4 条及以上					
	④ 记录习性 3~4 条及以上					
活动习惯（合作）	① 查找资料人员只有 1 人	做到第一点	做到第一、二点	做到第二、三点	做到第三、四点	
	② 整理资料人员只有 1 人					
	③ 查找资料人员有 2 人以上					
	④ 整理资料人员有 2 人以上					

（续表）

评价内容		评价量规				评价结果
		★	★★	★★★	★★★★	
活动兴趣（探究）	① 查找的资料只有 1 份	做到第一点	做到第二点	做到第三点	做到第四点	
	② 查找的资料有 2 份					
	③ 查找的资料有 3 份					
	④ 查找的资料有 3 份以上					

活动 2　多样品种探究忙

一、活动简介

　　本活动旨在使学生通过观察思考是否蚯蚓都适合用来处理湿垃圾，知道了解蚯蚓的品种是正确开展研究的基础，提高有效探究的能力；通过观察、调查及设计对比实验方案探究适合家庭饲养的蚯蚓种类，提高查找资料和分析资料的能力。

二、关键能力的培养

1. **跨学科的工作能力**：通过设计对比实验方案，能将自然学科所学的知识、方法和能力联系起来，提高控制变量的能力，培养乐于探究的科学态度。

2. **理解与合作的能力**：通过设计对比实验方案，能在合作中发挥各自的特长，认同他人合理的观点，体会分享的快乐。

3. **计划与行动的能力**：课后实验探究何种蚯蚓适合处理湿垃圾，能根据确定的实验方案实施后续的观察与记录，使计划变为实际的探究行动。

三、方法与手段

1. **创设情景的方法**：观察思考——是否所有蚯蚓都适合处理湿垃圾。

2. **交流与合作的方法**：查找记录——不同种类的蚯蚓。

3. **专业性的工作方式**：设计——对比实验方案。

四、活动材料

1. **活动材料与工具**：两三个蚯蚓品种；对比实验的器材等。

2. **活动任务单**：设计不同种类蚯蚓的对比实验方案。

3. **活动总评价表**："设计不同种类蚯蚓对比实验方案"活动评价表。

五、活动方案

（一）活动时间：1课时

（二）活动过程

学生活动	教师指导要点	要求说明
一、导入 观察思考：是否所有蚯蚓都适合处理湿垃圾。	运用创设情景的方法，观察思考是否所有蚯蚓都适合处理湿垃圾。 提供不同种类的蚯蚓让学生观察。	引发学生探究不同种类的蚯蚓的兴趣。
二、展开 （一）观察不同种类的蚯蚓 1. 观察：不同种类的蚯蚓。 2. 交流反思：选择何种蚯蚓处理家庭的湿垃圾。 （二）调查不同种类的蚯蚓 1. 查找资料：不同种类的蚯蚓。 2. 整理记录：不同种类的蚯蚓。 （三）设计对比实验方案 1. 设计：不同种类蚯蚓的对比实验方案。 2. 讨论：实验注意事项。	运用交流与合作的方法，查找记录不同种类的蚯蚓。 在网络上查找资料时，要到有权威的网站。 运用专业性的工作方式，设计对比实验方案。	引导学生培养跨学科的工作能力。 引导学生培养理解与合作的能力。 （见活动任务）
三、总结 汇总：今天你的新收获。	总结本活动所学、所感及今后的行为。	帮助学生提高有效的探究能力。
四、拓展 实验探究：何种蚯蚓适合处理湿垃圾。	鼓励学生课后能将实验探究的信息与大家分享。	引导学生培养计划与行动的能力。

学生观察蚯蚓

（三）活动任务

任务：设计不同种类蚯蚓对比实验方案

"设计不同种类蚯蚓对比实验方案" 活动记录单

组号：_____　成员：_____、_____、_____、_____、_____

实验名称	哪种蚯蚓更适合处理家庭的湿垃圾
实验器材	
实验步骤	
实验分工	
实验结果	
实验感想	

"设计不同种类蚯蚓对比实验方案" 活动评价表

组号：_____　成员：_____、_____、_____、_____、_____

（依据评价量规进行自评，能得几颗"★"就在评价结果中画几颗"★"）

评价内容		评价量规				评价结果
		★	★★	★★★	★★★★	
活动成果（记录单呈现）	① 有 1~2 条记录	做到第一点	做到第二点	做到第三点	做到第四点	
	② 有 3~4 条记录					
	③ 有 5~6 条记录					
	④ 有 6 条以上记录					
活动习惯（合作）	① 有分工名单	做到第一点	做到前两点	做到前三点	做到四点	
	② 能完成各自的任务					
	③ 能相互合作					
	④ 能协调任务					
活动兴趣（探究）	① 只选择两种蚯蚓实验	做到第一点	做到第二点	做到第三点	做到第四点	
	② 选择三种蚯蚓实验					
	③ 选择四种蚯蚓实验					
	④ 选择五种蚯蚓实验					

单元主题活动案例

主题六：淘汰手机研发者

"淘汰手机研发者"这一主题主要是对过时的电器所产生的资源浪费进行认识与整改。

什么是电子垃圾？你对哪些电子垃圾进行了调查？

你家里有淘汰下来闲置的手机吗？这些手机还能开发利用吗？

你能想到哪些适合我们使用的功能？

01 活动目录

02 活动空间

在手机工作坊中有展示板专门介绍学生推荐的淘汰手机研发功能。

03 活动资源

校内合作

各学科的专业师资：自然学科教师、信息科学教师、美术教师等。

学校管理层、物业人员等。

校外合作

家长、校外专业技术人员等。

活动 1　电子垃圾知多少

一、活动简介

本活动旨在使学生通过搜集家中不使用的电器设备，认识到身边有许多电子垃圾；通过阅读、讨论等方法，认识到城市的电子垃圾数量庞大，对人类环境、健康造成巨大的不良影响，能以开放的视野关注这类垃圾的话题；通过观看视频，知道电子垃圾也是可再利用的资源，认识到电子垃圾必须回收。

二、关键能力的培养

1. **前瞻性的思考与行动能力**：通过交流反思，宣传讲解减少家庭电子垃圾的产生，能思考可持续的未来电器产品的美好愿景。
2. **全球视野的感知能力**：通过阅读资料，交流表达电子垃圾的危害，能认识到城市电子垃圾数量庞大，对人类环境和健康造成巨大的不良影响，能以开放的视野关注"电子垃圾"的话题。
3. **理解与合作的能力**：通过创意绘制家庭电器产品的思维导图，能在合作中相互启发与提议，绘制出有个性的思维导图。

三、方法与手段

1. **专业性的工作方式**：阅读资料——城市电子垃圾数量庞大及其危害；交流表达——电子垃圾危害的具体表现。
2. **应用各种媒体的手段**：观看视频——如何处理电子垃圾。
3. **创造性的方法**：创意绘制——家庭电器产品的思维导图。

四、活动材料

1. **活动材料与工具**：小品剧本——《电子产品知多少》。
2. **活动任务单**：绘制家庭电器产品的思维导图。
3. **活动总评价表**："绘制家庭电器产品思维导图"活动评价表。

五、活动方案

（一）活动时间：1 课时

（二）活动过程

学生活动	教师指导要点	要求说明
一、导入 擂台赛：电子产品知多少。	分组进行，及时展示电子产品的名称。	引发学生关注身边的电子产品。
二、展开 （一）走近电子垃圾 1. 阅读资料：城市电子垃圾数量庞大及其危害。 2. 交流表达：电子垃圾危害的具体表现。 3. 观看视频：如何处理电子垃圾。 4. 小结：电子垃圾须回收，电子垃圾须减量。 （二）家庭的电子垃圾 1. 创意绘制：家庭电器产品的思维导图。 2. 交流展示：家庭电器产品的思维导图。 3. 交流反思：如何减少家庭电子垃圾的产生。	出示活动主题：电子垃圾知多少。 运用专业性的工作方式，阅读和表达城市电子垃圾数量庞大及其危害。 电子垃圾的危害大大超过生活垃圾。 运用应用各种媒体的手段，观看如何处理电子垃圾的视频。	引导学生培养全球视野的感知能力。 引导学生培养理解与合作的能力。

83

（续表）

学生活动	教师指导要点	要求说明
4．小结：按需购买，爱惜使用，转赠他人，分类回收……	运用创造性的方法，创意绘制家庭电器产品的思维导图。	引导学生培养前瞻性的思考与行动能力。（见活动任务）
三、总结 汇总：今天你的新收获。	总结本活动所学、所感及今后的行为。	帮助学生提高对电子垃圾危害的认识。
四、拓展 （向家长）宣传讲解：减少家庭电子垃圾的产生。	鼓励学生课后将宣讲的信息与大家分享。	引导学生培养前瞻性的思考与行动能力。

（三）活动任务

任务：绘制"我家的电器产品"的思维导图

"绘制家庭电器产品思维导图"活动记录单
组号：_____ 成员：_____、_____

绘制家庭电器产品思维导图

"绘制家庭电器产品思维导图"活动评价表

组号：＿＿　成员：＿＿＿＿、＿＿＿＿、＿＿＿＿、＿＿＿＿、＿＿＿＿

（依据评价量规进行自评，能得几颗"★"就在评价结果中画几颗"★"）

评价内容		评价量规				评价结果
		★	★★	★★★	★★★★	
活动成果 （导图呈现）	① 导图有 1~2 条	做到 第一点	做到 第二点	做到 第三点	做到 第四点	
	② 导图有 3~4 条					
	③ 导图有 5~6 条					
	④ 导图有 6 条以上					
活动习惯 （合作）	① 提议人员只有 1 人	做到 第一点	做到 第二点	做到 第三点	做到 第四点	
	② 提议人员有 2 人					
	③ 提议人员有 3 人					
	④ 提议人员有 3 人以上					
活动兴趣 （探究）	① 补充人员只有 1 人	做到 第一点	做到 第二点	做到 第三点	做到 第四点	
	② 补充人员有 2 人					
	③ 补充人员有 3 人					
	④ 补充人员有 3 人以上					

活动 2　手机更新换代忙

一、活动简介

　　本活动旨在使学生通过家中手机数量的调查，认识到电子产品由于科学技术的快速发展非常容易更新换代；通过了解手机发展的历程，知道手机的功能越来越强大，人们似乎越来越离不开手机，手机的使用还带来许多负面影响；通过了解是否有闲置的手机，意识到家庭中有些资源被浪费了。

二、关键能力的培养

1. **全球视野的感知能力**：通过讨论交流手机在生活中的应用与阅读了解手机的发展历史，能感知手机更新换代很快，以开放的视野关注"手机"的话题。

2. **跨学科的工作能力**：通过设计规划家庭手机现状的调查表，能较全面地综合多种因素设计规划，提高比较分析的能力。

3. **反思生活方式的能力**：反思、交流手机更新的理由，课后完成"家庭手机现状调查表"的记录，能反思如何减少资源的浪费和对环境的影响。

三、方法与手段

1. **专业性的工作方式**：设计规划——家庭手机现状的调查表。
2. **交流与合作的方法**：设计规划——家庭手机现状的调查表。
3. **反思的方法**：反思交流——手机更新的理由。

四、活动材料

1. **活动材料与工具**：网络设备等。
2. **活动任务单**："设计家庭手机现状调查表"活动记录单。
3. **活动总评价表**："设计规划家庭手机现状调查表"活动评价表。

五、活动方案

（一）活动时间：1 课时

（二）活动过程

学生活动	教师指导要点	要求说明
一、导入 观看：手机的新功能。	出示活动主题：手机更新换代忙。	引发学生对新款手机的兴趣。
二、展开 （一）手机的应用与发展 1. 讨论交流：手机在生活中的应用。 2. 阅读了解：手机的发展历史。 3. 小结：手机为我们的生活带来了许多便利。要正确、合理地使用手机。随着科学技术的快速发展，手机更新换代很快。 （二）调查家庭手机的现况 1. 设计规划：家庭手机现状的调查表。 2. 反思交流：手机更新的理由。 3. 小结：为保护环境，不要频繁更换手机。	运用专业性的工作方式以及交流与合作的方法，设计家庭手机现状调查表。 运用反思的方法，反思交流更换手机的理由。	引导学生培养全球视野的感知能力。 引导学生培养跨学科的工作能力。 引导学生培养反思生活方式的能力。 （见活动任务）
三、总结 汇总：今天你的新收获。	总结本活动所学、所感及今后的行为。	帮助学生树立为保护环境不要频繁更换手机的意识。
四、拓展 课后完成"家庭手机现状调查表"的记录。	鼓励学生课后将记录的调查表与大家分享。	引导学生培养反思生活方式的能力。

（三）活动任务

任务：设计并填写家中手机数量及使用情况表

"设计家庭手机现状调查表"活动记录单

组号：____　成员：_____、_____、_____、_____、_____

家庭手机现状调查表						
序号	手机型号	是否使用	购买日期	价格	何人转赠	备注
我的发现：						

"设计家庭手机现状调查表"活动评价表

组号：____　成员：_____、_____、_____、_____、_____

（依据评价量规进行自评，能得几颗"★"就在评价结果中画几颗"★"）

评价内容		评价量规				评价结果
		★	★★	★★★	★★★★	
活动成果 （调查表呈现）	① 栏目有 2 条	做到 第一点	做到 第二点	做到 第三点	做到 第四点	
	② 栏目有 3 条					
	③ 栏目有 4 条					
	④ 栏目有 4 条以上					
活动习惯 （合作）	① 提议人员只有 1 人	做到 第一点	做到 第二点	做到 第三点	做到 第四点	
	② 提议人员有 2 人					
	③ 提议人员有 3 人					
	④ 提议人员有 3 人以上					
活动兴趣 （探究）	① 补充人员只有 1 人	做到 第一点	做到 第二点	做到 第三点	做到 第四点	
	② 补充人员有 2 人					
	③ 补充人员有 3 人					
	④ 补充人员有 3 人以上					

我家淘汰的手机

参考文献

1. 上海市教育委员会. 上海市小学自然课程标准（试行稿）[M]. 上海：上海教育出版社，2004.

2. 刘兵. 保护环境随手可做的 100 件小事 [M]. 长春：吉林人民出版社，2000.

3. 上海市中小学（幼儿园）课程改革委员会. 自然教学参考资料（四年级第一学期）[M]. 上海：上海科技教育出版社，2007.

4. 上海市黄浦区绿化和市容管理局，上海市黄浦区教育局. 黄浦区中小学校垃圾分类特色实践活动活动方案 [M]. 上海：文汇出版社，2016.

5. 林崇德 .21 世纪学生发展核心素养研究 [M]. 北京：北京师范大学出版社，2016.

6. 中华人民共和国教育部. 教育部关于印发《中小学德育工作指南》的通知 [R/OL].（2017-08-22）[2019-10-10].http：//www.moe.gov.cn/srcsite/A06/s3325/201709/t20170904_313128.html.

7. Bohn, A./ Kreykenbohm, G./ Moser, M./ Pomikalki, A.（2002）：Handreichung zur Modularisierung und Einführung von Bachelor- und Masterstudiengängen. Erste Erfahrungen und Empfehlungen aus dem BLK- Modellversuchsprogramm „Modularisierung " Heft 101. Bonn

8. Brüning, B.（2001）：„Philosophieren in der Grundschule. Grundlagen – Methoden – Anregungen. " Cornelsen- Verlag Scriptor GmbH & Co. KG, Berlin

9. Brenifier, O.（2010）：„Freiheit. Was ist das? " Boje- Verlag GmbH, Köln

10. Burow, O./ Neumann- Schönwetter, M.（1997）：Zukunftswerkstatt in Schule und Unterricht. Hamburg

11. de Haan, G.（2009）：Bildung für Nachhaltige Entwicklung für die Grundschule. Forschungsvorhaben Bildungsservice des Bundesumweltministeriums. Berlin

12. Eder, U.（2010）：Methodenmappe zum Thema Klimagerechtigkeit. Hamburg

13. Freudenreich, D.（1997）：Kooperation – Lernen durch Rollenspiele. 1. bis 4. Schuljahr. München

14. Fröhlich, M.（2004）：„Philosophieren mit Kindern. " LIT- Verlag, Münster

15. Gudjons, H.（1987）：Handlungsorientierung als methodisches Prinzip im Unterricht. In: WPB 5/ 1987, S. 8

16. Herb, K./ Höfling, S./ Wiesheu, R. (2007 ）：„Kinder philosophieren. ", Hanns- Seidel-Stiftung e.V., München

17. Jungk, R./ Müllert, N. (1989 ）：Zukunftswerkstätten. Mit Phantasie gegen Routine und Resignation. München

18. Killermann, W./ Hiering, P./ Starosta, B. (2013 ）：Biologieunterricht heute. Eine moderne Fachdidaktik.

19. Künzli David, C./ Bertschy, F./ de Haan, G./ Plesse, M. (2008 ）：Zukunft gestalen lernen durch Bildung für nachhaltige Entwicklung. Didaktischer Leitfaden zur Veränderung des Unterrichts in der Primarstufe. Berlin

20. Künzli David, C. (2007 ）：Zukunft mitgestalten：Bildung für eine nachhaltige Entwicklung – Didaktisches Konzept und Umsetzung in der Grundschule. Bern

21. Langner, T. (2011 ）：Klimadetektive in der Schule. Eine Handreichung. Stralsund

22. Martens, E. (2004 ）：„Philosophieren mit Kindern. Eine Einführung in die Philosophie. " Reclam, Ditzingen

23. Meyer, H. (1996 ）：Unterrichtsmethoden II. Frankfurt a. M.

24. Möller, K. (2006 ）：Handlungsorientierung im naturwissenschaftlichen Sachunterricht mit dem Ziel den Aufbau von Wissen zu unterstützen. In：Klupsch- Sahlmann, R. u.a. (Hrsg. ）：Handbuch Kindheit und Schule. Neue Kindheit, neues Lernen – anderer Unterricht. Weinheim und Basel, S. 273 – 282

25. Rude, C. (2011 ）：„Praxisleitfaden Kinder philosophieren für Kindertageseinrichtungen und Schulen. " Akademie Kinder philosophieren im Bildungswerk der Bayerischen Wirtschaft e.V., Freising

26. Seifert, A./ Zentner, S./ Nagy, F. (2012 ）：Praxisbuch Service- Learning. Weinheim

27. Sliwka, A. (2004 ）：Service Learning：Verantwortung lernen in Schule und Gemeinde. In：Edelstein, W./ Fauser, P. (Hrsg. ）：Beiträge zur Demokratiepädagogik. Eine Schriftenreihe des BLK- Programms „Demokratie lernen und leben. " Berlin

28. Thurn, B. (1996 ）：Lerherbücherei Grundschule：Mit Kindern szenisch spielen. Spielfähigkeit entwickeln. Pantomimen, Stegreif- und Textspiele. Von der Idee zur

Aufführung. Berlin

29. Transfer 21/ „AG Qualität & Kompetenzen ": (2007): Orientierungshilfe Bildung für nachhaltige Entwicklung in der Sekundarstufe I – Begründungen, Kompetenzen, Lernangebote. Berlin

致谢

本丛书的汇编与出版，凝聚了中外专家、专业单位和基地学校的鼎力支持与共同探索，教师和学生的积极参与和创新探究更是推动活动类课程开发与教学设计的源泉。

在此，我们特别感谢德国帕绍大学克里斯蒂娜·汉森教授和凯瑟琳·普朗克博士研制的"环境教育活动课程开发模型"，对课程内容、关键能力的培养和环境教育教学法等进行了范例解读，对课程的开发与实施过程进行了科学的监测与评估，并针对基地学校教师开展了一系列的研讨与培训等工作。

另外，我们衷心感谢长期从事环境教育的上海市教育委员会教学研究室原副主任赵才欣先生和华东师范大学陈胜庆教授。作为基地学校环境教育课程开发、实施的指导专家，他们对德方提供的理论系统框架、专业内容以及评估标准进行本土化的诠释，并定期走访基地学校，对课程的实践应用进行针对性的教学指导与研讨，积极推动学生实践活动的开展，有效地保障了课程开发的进展与质量。

同时，我们非常感谢德国汉斯·赛德尔基金会引进这个国际项目，并全面协调组织课程的开发。感谢浙江省中小学教师与教育行政干部培训中心、浙江外国语学院、华东师范大学、上海师范大学、上海市教委教研室、上海市普陀区青少年活动中心、上海市气象局、上海市辐射监督站、中国南北极研究所、世界自然基金会、创先泰克、洋铭科技等单位和专业机构的支持，以及有关专家与专业人士在课程开发与教学实践过程中给予的指导、资源共享、场地支持等无私帮助！

衷心致谢参与本次环境教育课程研发与丛书编写的上海基地学校团队。

周卫萍校长　　　上海市普陀区恒德小学

计飞鸣校长　　　上海市浦东新区凌桥小学

益　勤校长　　　上海市浦东新区凌桥小学

张国勤校长　　　上海市金山区兴塔小学

吕华琼校长　　　上海市长宁区天山第一小学

沈　涓书记　　　上海市长宁区天山第一小学

虞宏逸校长　　　上海市普陀区朝春中心小学

黄建平校长　　　上海市普陀区朝春中心小学

杨　荣校长　　　上海市实验小学

李　琳校长　　　　　上海市浦东新区金新小学

黄云峰校长　　　　　上海市浦东新区金新小学

胡　蓉校长　　　　　上海市长宁区愚园路第一小学

苏　虹书记　　　　　上海市长宁区愚园路第一小学

周鹤珍副书记　　　　上海市长宁区愚园路第一小学

卞松泉校长　　　　　上海市杨浦区打虎山路第一小学

孙纳新校长　　　　　上海市普陀区武宁路小学

特别致谢上海市师资培训中心领导对项目落地与开展的支持、关爱和帮助，以及同仁们专业的指导和建议。

上海市师资培训中心

中德环境教育国际研发项目组

2019 年 12 月

附录1 主编与专家简介

陈胜庆，华东师范大学教授，特级教师，曾任华东师范大学第二附属中学副校长、华东师范大学张江实验中学校长，全国地理教学研究会副理事长兼秘书长，上海市名师培养基地主持人，教育部《科学课程标准》研制组专家、住建部《绿色校园国家标准》编制组编委。主编《绿色探索者》《中小学低碳教育读本》《让天空更蓝》等环境教育类教材和读本。中德环境教育国际合作项目组中方专家，承担指导基地学校进行环境教育课程研发、教师培训和成果评估等工作。

克里斯蒂娜·汉森（Christina Hansen），博士，毕业于维也纳大学教育心理学专业。任职于德国帕绍大学，基础教育学和教学法讲席教授，帕绍大学教师教育中心副主任，教师实践研究中心负责人，帕绍大学师范生考试委员会主席。研究重点：多元化研究、天赋促进教育、教育空间发展、教师教育国际化。中德环境教育国际研发项目组德方专家，建构环境教育课程开发理论模型，开展与项目相关的学术指导和项目评估等工作。

华夏，毕业于德国美因茨大学（Johannes Gutenberg University Mainz），教育学与音乐学专业。任职于上海市师资培训中心，境外交流合作部主任，副研究员。研究重点：教师教育国际化、课程与教学。德国帕绍大学可持续发展国际合作项目专家，德国汉斯·赛德尔基金会可持续发展教育领域资深专家，浙江外国语学院德国研究中心专家。中德环境教育国际研发项目组成员，主持课程理论模型与学术理论的研究与实践，对基地学校开展课程开发与实践的阶段性指导、教师培训，以及成果评估等工作。

凯瑟琳·普朗克（Kathrin Plank），博士，德国帕绍大学研究员。研究重点：多元化研究、教育公平、参与性教育空间发展、教师教育国际化。中德环境教育国际研发项目组德方专家，诠释环境教育课程开发理论模型的核心内容，开展基地学校教师培训和项目评估等工作。

曲莉雯，毕业于上海师范大学音乐教育专业。任职于上海市师资培训中心，长期从事教师教育与培训方面的专业工作。德国帕绍大学可持续发展国际合作项目组成员，德国汉斯·赛德尔基金会可持续发展教育领域指导专家，中德环境教育国际研发项目组成员，指导各省市相关基地学校通过环境教育项目开展环境教育的课程创新、教学实践、教师培训与队伍建设。结合中德环境教育项目以及多年教师教育与培训工作的思考和实践，在《现代基础教育研究》上发表了《小学环境教育课程的创新研发与教学实践——以"中德环境教育国际合作项目"为例》专题论文。

赵才欣，曾任上海市教育委员会教学研究室副主任，特级教师。中国教育学会地理教学专业委员会常务理事。研究重点：课程与教学、地理教研和环境教育。曾主持上海市环境教育协调委员会中小学办公室工作。中德环境教育国际研发项目组中方专家，指导基地学校进行环境教育课程研发、教师培训和成果评估等工作。

赵洁慧，任职于上海市师资培训中心，中心党委副书记，副研究员。研究重点：教师教育与在职培训。中德环境教育国际研发项目组中方专家，负责项目开展的阶段性学术指导和统筹协调工作。

周增为，任职于上海市师资培训中心，中心党委书记、主任，特级教师，正高级教师。教育部思想品德与思想政治课教材审查成员，国培计划专家库成员。上海市名师培养基地主持人，上海市德育实训基地主持人。上海市教师学研究会德育与政治专业委员会副主任，上海市伦理学会常务理事。研究重点：师德与德育、教师教育与在职培训。中德环境教育国际研发项目组中方专家，负责项目开展的阶段性学术指导工作。

附录 2 参编基地学校简介

丛书 1：《气候变化与环境保护》

《生活中的节能减排》

上海市普陀区恒德小学，是一所在全国有影响力的气象科普特色学校。学校坚持"为每一个学生的生命成长奠基"的办学使命和"自主学习、和谐发展、奠基人生"的办学理念，倾心培育"有恒心、有德性、善学习、能创新"的恒德学子，全力营造"恒为贵，德润身"的学校文化。2016 年学校成为中德环境教育国际研发项目基地学校，努力推进教育国际化、现代化，在国际化理念和全球化视野的引领下，深入开发环境教育校本课程，探索更多更好的活动载体，为学生参与环境保护提供更大空间，使环境教育渗透各个学科，让环境保护落实到每个学生的行动中。学校先后获上海市节约用水示范学校、全国节能减排与可持续发展社会行动项目示范学校、中国中小学气候教育变化行动学校、全国气象科普教育基地——示范校园气象站、国际生态绿旗学校、联合国教科文组织中国可持续发展教育项目国家实验学校等荣誉称号。

《护水小达人》

上海市浦东新区凌桥小学，创建于 1916 年。多年来遵循"尚美至善，快乐和谐"的八字校风，致力于创建"文明、整洁、清新、和谐"的校园环境。2008 年以区级课题"农村小学开展环境教育的实践与研究"为引领，开展了素质教育实验校的实践研究，并初步形成了环境教育的学校特色。2015 年学校成为中德环境教育国际研发项目基地学校，在接受国内外环境教育先进课程理念的同时，将育人理念植入具有学校教育教学特色的校本课程"走进绿色"中，为学校特色校本课程做了更加系统、深入、有效地梳理与拓展。学校先后获上海市雏鹰大队、上海市花园单位、全国红领巾科普创新示范校、全国红旗大队、全国环境教育示范学校等荣誉称号。

丛书 2：《生物多样性与生态系统》

《保护野生动物》

上海市金山区兴塔小学，创建于 1906 年。学校地处上海远郊，始终坚持"以人为本，追求优质"的办学理念，努力把学校建设成环境优美的花园、书香飘溢的乐园、师生成长的家园，争创一流的农村小学。学校从 20 世纪 90 年代起就开展环境教育的实践探索，2015 年学校成为中德环境教育国际研发项目基地学校，结合乡土特色，研究开发针对小学生的环境教育校本课程及活动手册，开展了以"保护野生动物"为主题的一系列环境教育活动，培养学生的环境意识，促使学生掌握初步的环保知识技能。学校先后获上海市首批文明校园、上海市科技特色示范学校、上海市绿色学校、全国雏鹰大队、全国书法教育实验学校、全国青少年校园足球特色学校等荣誉称号。

《微生态创客空间》

上海市长宁区天山第一小学，坐落在长宁区茅台路 109 号，创建于 1952 年。在六十八年的办学历程中，学校始终坚守义务教育的使命，坚持以师生发展为本，秉承传统，不断创新，逐渐形成了底蕴丰厚、特色鲜明、质量显著的发展格局。作为长宁精品城区里的一所公办小学，被教育局定为教育国际化办学实验学校以来的十年，借助"未来学习中心"的创建和发展，由点到面，尝试在全学科探索实践，深入研究认知与探究相融合的学习方式。2015 年，学校成为中德环境教育国际研发项目基地学校，全面推进"天一"环境教育项目发展。用项目促进学生学科素养和综合素养的发展，转变并融通学习方式，组织学生在深度的项目化学习中将认知与探究相结合，培养学生的高阶思维，追求学生的个性发展。中德环境教育项目促进了"天一"学生与世界的联系和沟通，增强了他们的全球意识和国际交往能力。让学生意识到自己生在中国但同时也处于世界之中，人类命运是一个全球化的共同体。学校先后获上海市文明校园、上海市提升中小学（幼儿园）课程领导力行动研究项目学校、上海市儿童基础素养研究种子学校、上海市外语类及外语特色联盟校成员、上海市信息化应用标杆培育校、上海市科技先进学校、上海市绿色学校以及国际生态绿旗学校等荣誉称号。

丛书 3：《资源管理与利用》

《小小水管家》

上海市普陀区朝春中心小学，是上海市普陀区一所大型的公办学校。2015 年学校成为中德环境教育国际研发项目基地学校，学校围绕"自主发展，追求进步"的办学理念，树立可持续发展的意识，进行环境教育校本课程建设。汲取国内外先进的教育教学方法，广泛开展环境教育活动，切实培养学生环境意识，养成良好环境行为习惯，促进学生素质全面提高。学校先后获上海市文明单位、上海市素质教育实验学校、上海市艺术教育特色学校、国际生态绿旗学校等荣誉称号。

《让垃圾变资源》

上海市实验小学，是一所百年名校，创立于 1911 年。学校坚持"三个面向"，坚持开放的教育理念，不断开展教育教学实验研究，致力于全面实施素质教育。2015 年学校成为中德环境教育国际研发项目基地学校，进行环境教育校本课程建设，将环境教育由活动提升为课程，更加关注每一名学生的学习体验与感悟，乃至行为的转变，从而真正做到关注环境、主动保护环境，有效提升学生的环保素养。学校先后获上海市文明单位、上海市教科研先进集体、上海市花园单位、上海市绿色学校、全国特色学校等荣誉称号。

丛书 4：《校园生态与环境探究》

《走进身边的生态》

上海市浦东新区金新小学，创建于 1996 年。学校多年来坚持走"和谐治校、质量治校""科技兴校、特色强校"的内涵发展之路，以"让每一个学生都能健康快乐地成长"为办学宗旨，以"生态环境教育浸润在学校教育全过程"为办学理念，环境教育成为学校的办学特色。2015 年学校成为中德环境教育国际研发项目基地学校，将环境教育的目标与金新小学的办学理念结合在一起，研发校本课程，融入"以人的教育为本"的育人价值，发挥项目的探索与延伸、辐射与引领作用。学校先后获浦东新区素质教育实验校、区科技教育特色学校、区绿色学校、区低碳先行优秀学校等荣誉称号。

《校园环境探究》

上海市长宁区愚园路第一小学，是一所具有七十多年历史的学校，具有良好的环境教育基础。2015 年学校成为中德环境教育国际研发项目基地学校，以"环境与健康"作为主线，将环保教育融入课堂。学校注重培养学生的科学环保意识，为学生搭建时时处处培养环保精神的舞台，探索在潜移默化中渗透环保教育的途径与方法。学校在公共教育服务视野下，树立"幸福而卓越"的办学价值观，落实"在合作氛围中自主成长，在和谐校园中全面成长，在文化熏陶中幸福成长"的办学理念，持续培育合作文化，追求幸福而卓越的教育。学校先后获上海市绿色学校、全国绿色学校、国际生态绿旗学校等荣誉称号。

图书在版编目（CIP）数据

资源管理与利用 / 上海市师资培训中心编. — 上海:上海教
育出版社, 2020.5
ISBN 978-7-5444-9998-9

Ⅰ.①资… Ⅱ.①上… Ⅲ.①环境教育－小学－课外读物
Ⅳ.①G624.63

中国版本图书馆CIP数据核字(2020)第077886号

责任编辑　茶文琼　汪海清
书籍设计　陆　弦
印装监制　朱国范

资源管理与利用
上海市师资培训中心　编

出版发行　上海教育出版社有限公司
官　　网　www.seph.com.cn
地　　址　上海市永福路123号
邮　　编　200031
印　　刷　上海锦佳印刷有限公司
开　　本　890×1240　1/16　印张 7.5
字　　数　167 千字
版　　次　2020年6月第1版
印　　次　2020年6月第1次印刷
书　　号　ISBN 978-7-5444-9998-9/G·8235
定　　价　48.00 元

如发现质量问题，读者可向本社调换　电话：021-64377165